구로다 류노스케

외국어에 관해 얘기하라면 밤을 새울 수도 있는 언어덕후.
일본의 슬라브어학자이자 언어학자로 러시아어, 우크라이나어,
벨라루스어 등의 슬라브어 외에도 영어에 능통하다.
도쿄공업대학과 메이지대학에서 부교수로 재직하면서
러시아어와 영어 및 언어학을 가르쳤다. 현재는 주요 언어에
국한되지 않고 글쓰기와 강의에 중점을 둔 프리랜서 언어
교사로 활동하고 있다. 이전에 존재하지 않던 새로운 외국어
책을 집필하는 것이 목표로, 최대한 다양한 언어를 공부하고
있다. 『양피지에 쓴 편지』, 『나의 첫 번째 언어학』, 『주머니 속의
외국어』, 『잠자리에 들기 전 외국어 5 분』 등의 책을 썼다.

신견식

15개 이상의 외국어를 해독하는 어도락가語道樂家로, 여러 언어의
맛을 보는 삶을 즐기고 있다. 한국외국어대학교 스페인어학과를
졸업하고 서울대학교 언어학과 석사과정을 수료했다.
기술번역에서 출판번역까지 다양한 부문의 번역 일을 하고, 언어
비교, 언어문화 접촉, 언어의 역사, 어원, 외래어 표기, 번역을
주제로 글도 쓴다. 『언어의 우주에서 유쾌하게 항해하는 법』,
『콩글리시 찬가』를 썼고, 『불안한 남자』, 『파리덫』 등을 옮겼다.

세계의 말들

Sekaino koktoba a i u e o
© Ryunosuke Kuroda 2018
Originally published in Japan by Chikumashobo Ltd.
All rights reserved.
Korean Translation © 2023 by UU Press
세계의 말들 is published by arrangement with CUON Inc

세계의 말들

언어덕후가 즐거운 수다로
요리한 100가지 외국어의 맛

구로다 류노스케 지음

신견식 옮김

일러두기

1. 각주는 모두 옮긴이주입니다.
2. Romance languages는 표기법에 따르면 '로망어'지만, 로망스어/로망어/
로맨스어/로만어 등 여러 가지로 혼재되어 쓰이고 있으며 이 중 언어학계에서
'로망스어'가 가장 많이 사용된다는 옮긴이의 판단에 따라 '로망스어'라고
표기했습니다.

개별 언어를 공부하는 즐거움

세계의 언어를 놓고 혼자서 어디까지 말할 수 있을까? 이 책으로 한번 해보겠다.

'세계의 언어'를 다룬 책은 이미 많이 나와 있다. 다만 여럿이 분담하는 집필이 기본이었다. 각 언어의 전문가가 모여 풍부한 지식과 경험을 나눠 주고 때로는 애정을 듬뿍 담아 맡은 언어를 소개한다. 나도 그런 책을 몇 권이나 읽었고 미약하나마 집필에 참여하기도 했다.

그런데 이 책은 오직 나 혼자서 갖가지 언어에 대한 생각을 펼쳐 나간다. 지식도 경험도 애정도 모자라는 변변찮은 자칭 언어학자가 전 세계 언어를 대상으로 어떤 문장을 짜내려는 것이다. 무모한 이야기가 아닌가.

그래서 각 언어에 대한 균형 잡힌 소개는 처음부터 포기했다. 필요하다면 여러 사람이 나눠서 정확히 설명한 저서를 읽기 바란다. 이 책은 언어 백과사전이 아니다. 이를 바탕으로 리포트 같은 걸 쓰면 반드시 실패하리라고 필자는 장담한다.

세계에는 언어가 과연 몇 개나 있을까.

일반적으로 3000개 내지 5000개로 알려져 있지만

딱 떨어지는 숫자를 제시하기는 어렵다. 분명하게 말할 수 있는 사실이 하나 있는데, 세계의 언어를 모두 아는 사람은 없다는 것이다. 그러기는커녕 혼자서 모든 언어의 이름을 파악하는 것만도 거의 불가능하다.

그만큼 다양한 세계 언어를 혼자서 따지고 들자니 아무리 애써도 에세이밖에 되지 않는다. 그렇다면 언어학적인 어려운 설명보다는 즐겁고 읽기 쉬운 이야기를 목표로 삼자. 일단 언어 이름을 던져 놓고 그에 대해 아는 것부터, 역사나 에피소드나 경우에 따라서는 이미지만이라도 좋으니 어쨌든 그 내용을 에세이로 엮는다. 아이슬란드어 하면 뭐가 떠오를까? 월로프어나 사미어는 어떨까. 모르는 언어를 만나면 언어학 사전 등으로 조사할 작정이다.

이 책에서는 세계 언어를 가나다순으로 살펴볼 것이다. 학술적인 설명이 아니므로 언어학적 분류는 필요 없다. 호불호는 안 따지련다. 어떤 언어든 평등하게 다루며 똑같은 분량으로 쓰겠다.

여기서 다루는 언어의 수효는 전 세계 언어에 비추어 보면 미미하다. 더구나 그 선정 기준은 필자의 독자적 판단에 따른 것으로, 미리 양해를 구하고 싶다.

필자는 언어학을 가르친다. 예전에는 러시아어나 영어처럼 구체적인 언어 교육에 종사했지만 최근에는 오로지 '언어란?' 혹은 '언어학이란?' 같은 주제만 다룬다. 세계 언어가 대상이라 꽤 버거운 일이다.

다만 언어학의 모든 분야가 전 세계의 개별 언어를 연구 대상으로 삼는 것은 아니다. 특히 최근 언어학의 주된 흐름은 인간이 언어를 생성하는 메커니즘을 이론적으로 탐구하는 것이다. 마음속, 아니 머릿속이 어떻게 되어 있는지 따져 보기 때문에 심리학이나 생리학에 가깝다.

그러나 내가 하고 싶은 건 다른 것이다. 언어의 일반 법칙을 먼저 제시하고 그것을 개별 언어에 적용하는 연역적 방법이 아니라, 수많은 개별 언어로부터 무엇인가를 찾아가는 귀납적 방법이야말로 언어학이라 믿는다. 구닥다리일지도 모르지만.

요즘 언어학자들은 개별 언어를 별로 공부하지 않는다. 언어는 두어 개 정도만 익히고 이론을 파고드는 데 더 많은 시간을 들인다. 하지만 그래도 괜찮을까? 나는 역시 구체적인 언어를 배우는 데서 언어학이 시작된다고 여긴다.

과거의 위대한 언어학자는 훌륭한 이론도 세웠지만 개별 언어 연구도 잊지 않았다. 소쉬르는 산스크리트어 외에 리투아니아어 악센트 연구에 열심이었다. 사피어는 아메리카 원주민의 언어에 주목했다. 현대에도 야겔로의 월로프어나 딕슨의 오스트레일리아 원주민 제어諸語*처럼 뛰어난 연구가 있다. 그런 언어학이 내 취향에 더 맞는다.

역시 구닥다리인가.

개별 언어 연구와 언어학은 나누기 어려울 만큼 밀접하게 이어져 있다. 다만 이 책은 언어학 입문서가 아니다. 그런 주제로는 이미 『언어학 첫걸음』을 펴낸 바 있다. 흥미가 있는 독자는 이 책을 읽어 주면 고맙겠다.

본서가 『언어학 첫걸음』의 실천편으로서 개별 언어에 다가가는 길잡이 역할을 할 수 있기를 기대한다. 에세이가 얼마나 설득력이 있을지는 모르겠으나 읽다가 왠지 외국어를 공부하고 싶어진다면 필자로서는 더할 나위 없겠다.

---

* '여러 언어'라는 뜻으로, '오스트레일리아 원주민 제어'라고 하면 오스트레일리아 원주민이 쓰는 언어를 통틀어 이르는 말이다.

지금까지 외국어에 관한 책을 이것저것 써 왔지만, 내 책이 외국어로 번역되기는 이번이 처음이다. 당연히 기쁘다. 어느 저자라도 기쁠 것이다. 너무 기뻐서 한국어판 서문을 자발적으로 쓰기로 했다. 원고료도 안 받고 말이다.

저자는 번역서의 독자에게 메시지를 보내기도 한다.

"친구 여러분! 이번에 제 책이 여러분 나라의 언어로 번역되어 저자로서 기쁨을 금할 수 없습니다. 저는 10년 전에 여러분의 나라를 방문하여 아름다운 자연에 감동하고, 뛰어난 기술력에 경탄하고, 맛있는 음식에 절로 군침이 돌고……"

이런 바보 같은 서문은 쓰고 싶지 않다.

20여 년 전 서울을 방문했을 때 나는 '코피'로 착각하지 않고 커피를 주문하려고 긴장해서 도토루 커피숍에 들어갔다가 '블렌드'라고 하면 된다는 걸 깨달았다. 좀 싱거운 에피소드다.

게다가 이 서문은 2021년 초여름에 쓰고 있다. 현재 도쿄는 누구나 마스크를 쓰고 다녀야 하고 외식이 엄격히 제한되는데, 그래도 올림픽을 억지로 개최하려 한다. 그런 상황의 심경을 담아 봤자 미래의 독자에게는 썰렁한 얘기일 뿐이다.

러시아어 전공으로 대학원에서 공부했고 지금도 대학에서 가르치고 있다. 하지만 러시아어만 가르치면 모여드는 학생이 한정되어서 재미없다. 그래서 언어학을 담당했더니 다양한 학생이 모여 더 즐겁긴 하지만 구체적인 외국어 이야기를 하기는 어렵다. 그런 시행착오를 겪다 보니 이 책처럼 혼자 세계 여러 언어에 대한 에세이를 쓰고 싶어졌다.

『세계의 말들』을 정리했을 때 목표로 한 것을 지금은 대학 세미나에서 발표하고 있다. 2018년부터 대학에서 세미나를 맡게 되어 무엇을 할까 고민하다가 '유럽과 러시아의 여러 언어'를 각자 배우고 공통 주제를 정해 서로 소개하자는 생각을 하게 되었다.

선택할 수 있는 언어의 범위를 유럽과 러시아로 한정한 것은 다른 지역의 경우 학내에 다양한 전문가가 있을뿐더러 내 능력의 한계를 고려한 결과다. 솔직히 말하면 유럽과 러시아만 다룬다 쳐도 어디까지 알고 있을지 의심스러우나 어쨌든 그동안 그럭저럭 지도할 수 있었다.

일단 세미나에서 함께 다룰 언어를 선택한다. 다만 메이저 언어는 제외한다. 내가 근무하는 대학에서 항상 수강할 수 있는 영어, 프랑스어, 독일어, 이탈리아어, 스페인어, 포르투갈어, 러시아어는 선택할 수 없다. 구로다의 세미나이면서 러시아어는 안 되는 것이다.

다만 이 언어들을 배우는 것은 결코 나쁘지 않다. 오히려 적극적으로 권장한다. 그 밖에 라틴어나 그리스어 같은 고전어 학습도 추천한다. 하지만 세미나에서는 다루지 않는다.

어떤 언어를 고를까? 세미나 참가자에게 가장 큰 고민이다. 그래서 일본에는 어떤 외국어 참고서가 있는지 알아본다. 세미나는 개강 이후 매년 정리해 온 「일본의 유럽 및 러시아 어학서 목록」을 신간 정보 등을 참고해 업데이트하는 것으로 시작한다. 그러면 소위 '마이너' 언어도 참고서가 적잖이 있다거나 반대로 회화집이나 단어집이 한두 권밖에 없는 '초마이너' 언어가 있다는 등 다양한 발견을 하게 된다. 자신의 언어를 결정할 때 참고가 된다.

참고서가 많아야 좋다는 말은 아니다. 오히려 한두

권밖에 없다면 그 언어를 철저히 배워서 발표할 수도 있다. 딴 데 정신이 팔리지 않으니 오히려 집중할 수 있을지도 모른다.

지금까지 아이슬란드어, 아일랜드어, 웨일스어, 네덜란드어, 크로아티아어, 스웨덴어, 바스크어, 폴란드어, 라트비아어, 룩셈부르크어, 루마니아어 세미나를 이끌어 왔다. 2021년도 수강생은 에스토니아어, 카탈루냐어, 조지아어, 덴마크어, 리투아니아어와 씨름한다.

전반기 주제는 '문자와 발음'이다. 각 언어의 문자와 발음이라니, 학문적인 발견은 물론 없다. 하지만 스스로 공부해서 이를 이해하고, 나아가 딴 학생들이 이해할 수 있도록 설명하기란 상당히 어렵다. 어려워도 여러 가지로 궁리해 볼 수 있다. 세미나 참가자는 문자와 발음뿐 아니라 나라나 역사, 속담, 그 언어로 된 영화를 소개하는 등 저마다 궁리를 한다. 이케아에서 팔던 초콜릿 포장지로 스웨덴어 철자를 확인하거나 익힌 에스토니아어로 빙고 게임을 하기도 하니, 옆에서 보면 노는 것 같지만 모두 진지하기만 하다. 한 나라, 한 언어, 한 문화를 소개하는 것은 얼마나 힘든 일인가. 이것을 실감할 수 있다면 충분하지 않을까.

여러 언어를 조금씩 접한다.

『세계의 말들』처럼.

학생들은 자발적으로 세미나 노트를 쓴다. 이것은 세미나 개강 이래의 전통으로, 수업할 때마다 내용을 꼼꼼히 기록할 뿐만 아니라 일본어로 에세이 같은 것도 쓴다. 내가 권한 것은 아니다.

어쩌면 참가자들은 에세이를 쓰고 싶을 것이다.

에세이는 공통 주제를 정할 수 있다. 물론 언제나 마찬가지로 주제는 외국어다. 새로 들어온 학생은 상급생이 하는 방식을 보고 흉내 내면서 써 간다. 어떤 때는 '나와 외국어', 어떤 때는 '외국어 속담' 등인데 쓰는 사람은 부담이 크겠지만 읽고 있으면 즐겁다.

외국어 학습은 어휘와 문법뿐만 아니라 그 배경도 배우면 좋다. 이런 얘기를 흔히들 하는데, 그럼 구체적으로 무엇을 하면 좋을지 교사는 잘 가르쳐 주지 않는다. 하지만 답은 여기에 있다.

외국어에 대한 에세이를 모국어로 쓴다.

『세계의 말들』처럼.

세미나에서는 범위를 유럽과 러시아의 여러 언어로 한정하지만, 학생은 폭넓게 외국어를 접했으면 좋겠다. 대학은 여름방학이나 봄방학에 외국어 단기 집중 강좌를 연다. 내 세미나에 참가하는 학생들도 관심은 대개 주요 언어이겠지만, 그래도 그런 마음은 잠시 접어 두는 게 낫다. 어쨌든 새로운 외국어를 배우는 것은 정말 즐거운 일이니까. 어떤 학생은 세미나에 참여하기 전에 1학년 때부터 이 집중 강좌를 1년에 두 차례씩 이수했다. 4학년이 된 지금은 상당한 지식을 익힌 셈이다.

여러 외국어를 걸음마 단계에서 맛보기만 하는 게 무슨 의미가 있어? 이렇게 심술궂게 말하면서 이해 못 하는 사람도 있는 것 같지만 세미나 참가자는 신경 쓰지 않는다.

이런 점은 나랑 닮은 것 같기도.

『세계의 말들』한국어판이 나오게 되었다. 이 얘기를 들려주자 세미나에서 다들 반응이 놀라울 만큼 비슷했다.

그럼 한국어를 공부하자.

방법은 여러 가지다. 한국어 집중 강좌를 이수한다. 예전에 했던 한국어가 생각난다. 스스로 참고서를 사서 독학한다. 세미나에서 느닷없이 한국어 열풍이 분다.

계기가 있다면 어떤 외국어든 가리지 않고 배워 보

고 싶다. 물론 속속들이 파고들기는 어렵고 문자와 발음
만으로도 꽤 고전할 것이다. 그래도 한글을 하나하나 쓰
면서 외우는 작업은 정말 재미있고, 그것은 아랍문자든
태국 문자든 다르지 않다.

　『세계의 말들』한국어판 표지에 적힌 내 이름의 한
글 표기를 아는 것만으로도 세미나의 학생들은 마음이
뿌듯할 것이다.

광둥어

중국의 언어 사정은 어려워서 잘 종잡을 수 없다. 베이징의 언어를 바탕으로 만들어진 표준 중국어가 폭넓게 사용되는 것은 알고 있다. 그러나 한편으로는 여러 방언이 있는데 통역이 없으면 통하지 않을 정도로 다르다고도 한다.

그럼 광둥어는 다른 언어일까, 방언일까.

언어학 사전을 찾아보면 광둥어는 광둥성 광저우시와 홍콩을 중심으로 쓰이는 표준 구어라고 돼 있다. 심지어 입말인데 글자 표기도 있다. 중국어 공통의 한자를 사용해 소리를 나타내며, 그 때문에 그냥 입말만 있는 언어와는 차이가 큰 것 같다. 게다가 광둥어 문학 전통도 있다.

광둥어의 대단한 점은 성조다. 성조란 뜻을 구분하기 위한 소리의 높낮이로, 중국어에는 네 개, 태국어에는 다섯 개가 있다. 그런데 광둥어에는 무려 아홉 개나 있다. 다만 음성학적인 면에서 그렇다는 것인데, 다시 말해 실제 소리의 높낮이 패턴은 아홉 개이지만 음운론적 차원에서 다른 단어와 변별되는 것으로 따지면 여섯 개인 듯하다. 어쨌거나 성조언어 중에서는 종류가 많은 편이다.

일본 서점에는 광둥어 어학 교재가 많다. 『홍콩에 간다면 광둥어』 같은 회화집이 특히 많다. 외국어라기보다 중국어의 방언으로 인식하는 경우가 많기 때문에 오히려 이런 순수한 접근법이 나오게 된다. 어찌 보면 반가운 일이다.

얼마 전 진보초의 헌책방에서 나카지마 미키의 『광둥어 4주간』을 너무 싸게 팔기에 얼른 구입했다. 그때 헌책방 주인장이 "이 값에 광둥어를 익힌다니 말도 안 되는 소리죠"라고 했다. '무슨 소리를 하는 거야. 댁이 값을 터무니없이 싸게 매기는 바람에 책이 불쌍해서 사는 건데.' 광둥어 교재로서는 선구적인 이 책에 경의를 표하고 싶다.

그나저나 광저우시와 홍콩에서는 광둥어만으로도 괜찮을까. 중국어를 몰라도 상관없을까. 그러고 보니 이만큼 중국어가 주목받으면서 대학에 중국어학과는 많이 생겼는데 '광둥어학과'는 어째서 들어 본 적도 없을까.

한자를 공통으로 하여 이어진 중국의 언어 세계. 독특한 언어 상황이 있는 그곳을 주시하고 있다.

현대어와 고전어가 있다면 현대어를 배우는 것이 일반적일 텐데 그리스어만은 예외일지 모른다. 고전 그리스어를 배우는 대학생이나 고등학생은 전 세계에 많지만 현대 그리스어를 배우는 사람은 적은 편이다. 그리스 본국에 약 870만 명*, 키프로스 등지에 100만 명의 화자가 있음에도 불구하고 말이다.

트로이 유적을 발굴한 고고학자 슐리만도 저서 『고대에 대한 열정』에서 고전 그리스어를 배우기 전에 현대 그리스어를 조금은 배우는 것이 좋다고 썼다.

그런데 내 경우에는 현대 그리스어를 조금 공부했지만 다 잊어버린 것이나 마찬가지다. 그보다 대학 시절 수업 시간에 배웠던 고전 그리스어가 아직도 기억에 남는다.

고전이라고는 해도 이른바 고전기 그리스어가 아니라 '코이네'라고 불리는 성경의 그리스어다. 기독교계 대학에서 공부할 때 신학부 수업에 태연하게 들어가 기초 문법을 배우며 신약성경의 일부를 해독해 나갔다.

이 수업은 첫 시간에는 스무 명 남짓의 수강생이 몰렸지만 순식간에 줄어들어 마지막에는 다섯 명만 남았

---

* 현재 그리스 인구는 1000만 명을 넘고 대다수가 그리스어 화자다.

는데 나를 포함해 외국어학부와 문학부 학생밖에 없었다. 신학생이여, 신에 대한 사랑과 그리스어 습득은 별개인가.

고전어 수업은 예습에 많은 시간을 들인다. 따라서 수업 전날 도서관에서 수강생들과 마주칠 때가 많았다. 그 결과 자연스레 친해졌다.

선생님은 매우 성실한 분이라 크리스마스 전날까지 수업을 하겠다고 선언했다. 그래서 수강생 다섯 명이 결탁해 "날도 날이니만큼 크리스마스 파티로 하죠"라고 제안했더니 선생님은 잠시 생각하고는 그럼 그날엔 연구실로 모이라고 했다.

당일 무슨 일이 벌어질지 설레며 연구실을 찾았다. 선생님은 모두 모인 것을 확인하고 조용히 프린트물을 나눠 줬다. 누가복음에 나오는 그리스도 탄생 장면으로 텍스트는 물론 그리스어다. "그럼 차례대로 소리 내어 읽으세요. 구로다 학생부터."

덕분에 꽤 실력이 쌓였다. 지금도 기억하는 문구는 '아프토스 에스틴 호 로고스 투 테우'(이것은 신의 말씀이다)다. 아테네에 가서 이 말을 한다면 분위기가 참 썰렁해질 것이다.

초등학교 국어 시간. 일본어에 들어온 외래어를 배울 때면 꼭 네덜란드어 얘기가 나온다. 알코올, 커피, 고무, 가라스(유리), 뻥끼(페인트), 고뿌(컵)* 등등. 희한하게 '하카타 돈타쿠'라는 축제의 '돈타쿠'도 네덜란드어다. '존다흐'는 본래 일요일인데, 일본어에 들어와서 휴일의 의미도 생겼다. 그 밖에 '토요일'을 일컫는 '한돈'의 '돈'도 마찬가지다. 반半일요일이니까 토요일이다.

어쨌든 유럽 소국 언어가 아시아 소국 언어에 이렇게 영향을 끼쳤다는 사실에 어린 나는 묘한 기분이 들었다. 그래서 크면 난학蘭學이나 나가사키에 있는 데지마를 더 알아보고 싶다는 생각도 했다. 나중에 책을 몇 권 읽어 보았는데 안타깝게도 재미있는 책은 아직 한 권도 만나지 못했다.

네덜란드어는 현재 일본에서 '과거의 언어'가 되어 버렸다. 전문적으로 공부할 수 있는 대학도 없다. 그러고 보니 일부 대학의 인도네시아어학과에서 역사적 관계로 네덜란드어를 조금 공부하는 것 같다. 뭔가 신기하다.

---

* 네덜란드어 alcohol, koffie, gom, glas, pek, kop에서 온 단어다.

후쿠자와 유키치였던가. 어느 날 요코하마를 갔는데 영어 간판이 즐비해 이젠 난학이 아니라 영학이라고 판단했다는 이야기를 어디선가 들어 본 적이 있다. 선견지명이 있음을 나타내려는 것이겠지만, 가만 보면 일본인이 쓸모없어진 것을 아주 쉽게 버린다는 상징으로 여겨진다.

지금 일본에 네덜란드어의 모습이 남아 있을까? 나가사키는 최근 들어 옛 데지마를 정비하고 네덜란드 문화를 받아들인 곳으로 중요시하고 있다. 근데 언어는 어떨까?

일본에 사는 체코 여성에게 들은 얘기가 생각난다. 일본 어디를 가나 미국인으로 오해받는 것에 익숙해져 있었는데, 나가사키에 갔을 때 어떤 아이한테서 생각지도 않은 말을 들었다고 한다. "앗, 네덜란드 사람이다."

뭔가 감동적이었다.

네팔어

네팔어는 네팔의 언어다.

그 이상은 아무것도 모른다는 사실을 깨닫는다. 그럴 때는 알아보는 수밖에 없다.

우선 화자 인구. 산세이도의 『언어학 대사전』에 따르면 네팔어는 네팔왕국의 인구 1600만 명 중 절반 이상의 모어이며, 나머지 주민도 제2언어로 널리 사용한다고 한다. 하지만 현재 통계를 보면 인구가 최근 25년 동안 1000만 명가량 늘었다. 이래서는 언어 인구의 현재 상황을 전혀 파악할 수 없다. 최신 정보를 얻기가 생각보다 어렵다. 어쨌든 꽤 많지 않은가 싶다. 아무래도 아시아의 언어는 그 언어 인구가 제법 많은 것 같다. 유럽에는 1000만 명에 못 미치는 언어도 드물지 않은데. 그러고 보니 네팔어가 큰 언어로 느껴진다.

국외에도 1000만 명이 훨씬 넘는 화자가 있다고 한다. 인도에서는 '인도의 여러 언어' 가운데 하나이기도 하다. 네팔어는 네팔만의 언어가 아니었다. 머릿속으로 네팔과 인도의 위치 관계가 잘 그려지지 않아 지도를 펼친다. 서로 이웃하고 있는 것을 확인한다. 과연 관계가 있는 것도 지극히 당연하다.

　네팔은 히말라야 등산을 비롯해 관광 여행으로 인기가 많다. 그래서인지 네팔어 회화집은 의외로 많이 출판되고 있다. 본격적인 입문서로는 『CD 익스프레스 네팔어』가 있다. 네팔어는 힌디어와 동일한 데바나가리문자를 사용하므로 초보자를 위해 전사해 놓은 라틴문자가 도움이 된다. 더욱이 토막 상식을 소개하는 작은 코너가 있는데, 그 명칭이 '히말라야의 물방울'이다. 참 멋지지 않은가.

　네팔어는 인도유럽어족 인도어파에 속하며 힌디어나 우르두어와 특히 가까운 관계에 있다. 그리스어나 라틴어도 먼 친척이다. 로마자로 전사된 셈씨를 살펴보니 1에서 10까지가 에크, 두이, 틴, 차르, 판치, 차, 사트, 아트, 나우, 다스다. 모르는 사람에겐 미안하지만 비교언어학 같은 걸 깔짝거려 본 나는 그것만으로도 '과연 인도유럽어족이구나'라는 생각을 절로 하게 된다. 동시에 같은 인도유럽어족의 언어를 뒤쫓아 가면서도 유럽의 극히 일부만 알고 있음을 깨닫는다.

피진과 크레올

서로 다른 언어를 쓰는 사람들이 어쩌다 만난다. 의사소통을
하고 싶은데 상대방의 언어를 모른다. 하는 수 없이 즉석에서
임시방편으로 곤란을 벗어날 방도를 찾는다. 이때 발음이나
문법은 아무래도 상관없다. 학교 수업 시간이 아니니까
통하기만 하면 그만이다. 상거래를 위한 만남이라면 서로가
알아듣는 것이 관건이다. 자질구레한 건 신경 안 쓴다. 이런
배경에서 생겨난 언어가 피진이다.

피진은 어느 화자에게도 모어가 아니다. 상대의 언어를
배우면 피진은 필요 없다. 서로 통하는 언어가 달리 없을 때
피진을 사용한다. 기본 목적은 구두口頭 커뮤니케이션으로
문서로 남길 만한 것은 아니다. 비록 구두라 하더라도 여건이나
상대의 제약을 받는다. 관혼상제처럼 공식적인 상황에서는
임시변통의 즉흥적인 의사소통이 곤란하기 때문에 피진은
사용하지 않는다.

특징은 단순하다는 것이다. 즉석에서 만들었는데
복잡하다면 아무도 제대로 써먹을 수가 없다. 하지만 '○○어가
간략해져 ○○어 피진이 되었다'라고 딱 잘라 말하기는 조금

어렵다. 얼핏 보면 비슷하지만 하나의 언어가 변화한 것은
피진이 아니다.

　이처럼 피진이란 '좌우간 커뮤니케이션을 하고 싶다!'라는
부자연스럽기까지 한 욕구의 결과로 생겨난 셈인데, 그런
의미에서 본다면 상당히 당당하다. 외국어 학습자 중에는 이런
당당함을 동경하는 사람도 있을지 모른다. '문법에 신경 쓰지
않고 느긋하게 영어 회화를 하고 싶다!'라는 발상은 피진의
정신에 가깝다.

　피진은 써야 할 상황이 없어지면, 즉 언어가 다른 사람들과
접촉하지 않아도 되거나 다른 수단으로 의사소통을 하게
되면 자연스레 소멸한다. 임시변통이기 때문에 어차피 덧없는
운명이다.

　하지만 사용할 수밖에 없는 상황이 지속되면 일회성이라
여겼던 언어가 점점 안정화된다. 계속 사용되다 보면 결국에는
피진을 모어로 하는 사람도 나타난다. 이것이 크레올이다.

　인류학에서는 크레올을 어렵게 정의할지도 모르지만
언어학에서는 피진이 모어화한 것이라고 지극히 단순하게
인식한다. 정의는 단순해도 크레올의 구조는 대부분 피진보다
복잡하다.

　통상 자연언어로 간주되는 언어 중에는 크레올을 기원으로
하는 경우가 적지 않다고 한다. 다른 언어와 접촉해 큰 변화를

겪은 언어는 분명 많을 것이다. 요즘처럼 세계인이 교류하다 보면 미래에는 모든 언어가 크레올이 되지 않을까 하는 상상도 하게 된다. 그리 될지는 알 수 없지만.

피진도 크레올도 개별 언어의 이름이 아니다. 때때로 일정한 언어에 '○○ 크레올어' 혹은 '○○ 피진어'라는 명칭을 붙이지만 그것은 피진이나 크레올의 일부에 지나지 않는다.

애당초 피진은 일회성이라 교재 따위가 있을 수 없다. 그런데 오카무라 도루의 『피진어 첫걸음: 파푸아뉴기니의 말』이라는 어학 서적을 찾아내고 말았다. 이런 책이 다 있다니. 얼른 손에 넣었다.

결과부터 말하자면 이 책에서 다루는 언어는 언어학에서 정의하는 피진과 딱 들어맞지는 않는다. 파푸아뉴기니에서 쓰는 피진의 일종인 톡피신어 교재였던 것이다. 톡피신어는 파푸아뉴기니의 공용어로 전체 인구의 약 30퍼센트가 사용한다. 단순한 구두 의사소통만이 아니라 의회와 정부 기관지, 게다가 라디오방송에서도 사용한다. 즉 실제로는 크레올이다.

책 제목이 오해를 일으킬 수도 있어서 살짝 난감하지만, 『피진어 첫걸음』은 읽다 보면 재미가 쏠쏠하다. 영어가 밑바탕에 깔린 톡피신어는 예문을 보고 있으면 뜻이 상상되는 경우도 많아서 퀴즈처럼 즐길 수 있다.

대체로 대담해 보일 만큼 간략화했다는 인상을 주지만
꼭 그렇지만은 않다. '내 이름'은 nem bilong mi인데, my보다
훨씬 긴 bilong mi가 간략화를 거스르는 듯 보일지도 모르지만
bilong만으로 모든 소유관계를 나타낼 수 있으므로 역시
단순해진 것이다.

언어의 미래를 예시하는 듯한 피진과 크레올은
언어학자들의 주목을 받고 있다.

인칭

1인칭은 '말하는 사람'이고 2인칭은 '듣는 사람', 3인칭은
'그 나머지'라는 것이 원칙이다. 3인칭에는 1인칭과 2인칭
이외의 모두가 포함된다. 따라서 4인칭은 없다. 혹시 있다면
분류법이 다른 것이다.

상당히 단순한 개념이다. 너무 단순해서 누구나
알 거라고 생각했는데 실은 그렇지도 않은 듯하다. 일찍이
언어학 선생님이 이런 말씀을 하셨다. "아이에게 '내 손'이
몇 인칭이냐고 물어봐. 어리면 어릴수록 당황할 테니까."

과연 '내 손'은 '나'의 일부니까 1인칭이 아닌가 의심이
든다. '내 머리'나 '내 마음'이라고 하면 더욱 헷갈린다.
아이에게는 어려울지도 모른다.

하지만 어른이라면 마땅히 알 것이다. 그렇기 때문에 성인의 언어 학습에는 문법을 활용하는 편이 좋다.

어라, 어른인데도 모른다고요? 여전히 아이의 마음을 간직하고 있군요.

내가 가장 좋아하는 영국 코믹 소설인 수 타운센드의
『에이드리언 몰의 비밀일기 – 13과 3/4살』에서 주인공
몰은 이런 일기를 쓴다.

> 4월 3일 금요일
> 오늘 지리 시험에서 만점을 받았다. 그렇다! 20점
> 만점에 20점을 받았다. 대단해! 게다가 예쁘게 잘
> 썼다는 칭찬을 들었다. 노르웨이의 피혁 공업이라면
> 내가 모르는 것이 없다.

의기양양해진 몰은 그 후에도 노르웨이의 피혁 공
업을 여러모로 자신감의 바탕으로 삼았고 결국은 피혁
공업 단체로부터 편지까지 받는다.

노르웨이는 유럽에서도 좀 특이한 나라다. 이웃 나
라와는 잘 지내면서도 유럽연합 가입은 한사코 거부한
다. 하지만 릴레함메르에서는 동계올림픽도 개최했다.
국민행복지수 등은 항상 상위권을 차지한다. 요즘 일본
은 노르웨이 연어에 완전히 익숙해졌다.

그런 노르웨이의 언어인 노르웨이어. 언어 인구 400만 명이 넘는 정도의 비교적 작은 언어인데도 실은 표준어가 두 개다. 하나는 오랜 세월 지배를 받은 덴마크의 언어에 노르웨이적 요소를 가미한 보크몰Bokmål 이고, 다른 하나는 서부 노르웨이 방언을 기초로 만들어진 뉘노르스크Nynorsk다.*

아오키 준코의 『노르웨이어의 구조』를 읽는데, 노르웨이 우표 도판 두 개에 나라 이름이 각각 NORGE, NOREG라고 적혀 있다. 오식은 아니다. 각각 보크몰과 뉘노르스크의 철자다. 둘 다 적혀 있으면 몰라도 우표에 따라 다르다니 어떻게 구분해서 사용하는 것일까.

몰이 노르웨이 피혁 공업 단체로부터 받은 편지는 노르웨이어로 쓰여 있었다. 대체 보크몰일까 뉘노르스크일까. 과연 영국인이 그걸 읽을 수 있었을까.

---

* 발음에 가깝게 적으면 '부크몰'과 '뉘노슈크'이나 한글 표기법은 노르웨이어 철자를 더 반영한다.

대만어와 중국어는 듣는 것만으론 그 차이가 분간되지 않는다.

크로아티아어와 슬로베니아어는 10초면 어느 언어인지 판단할 수 있다. 체코어와 슬로바키아어는 5초다. 내용을 충분히 알아들었다고 하기는 어렵지만 적어도 멜로디의 차이에는 금방 반응할 수 있다.

중국어도 대만어도 못하니까 듣고서 분간하지 못하는 게 당연하다고 하면 그만이다. 하지만 마찬가지로 못하는 스페인어와 포르투갈어는 이제 멜로디의 차이를 알 수 있게 됐다. 그래서 안타깝다.

허우샤오셴 감독의 영화 『비정성시』를 본다. 이 영화는 여러 언어가 나오는 것으로도 유명한데 대만어, 일본어, 북경어, 상하이어, 광둥어가 들리지만 대만어가 압도적으로 많고 북경어는 별로 안 나온다.

그런 정보를 가지고 귀를 기울인다. 하지만 모르겠다. 원래 대만어는 중국어 방언의 하나인 푸젠성 남부의 말을 바탕으로 하기에 당연히 성조가 있다. 대만어의 성조는 여덟 개로 중국어와 견주면 곱절이나 되지만 그저 똑같이 들린다.

한편 영화 자체의 재미에도 끌려서 쭉 본다. 제1차 세계대전 직후 정치적 혼란기의 대만을 무대로 펼쳐지는 인간 드라마. 북경어는 대륙에서 온 기자들과 국민정부 행정장관이 라디오에서 하는 말이 전부라고 하니 이를 의식한다.

그러자 서서히 대만어다움을 느낄 수 있게 되었다. 내가 모르는 중국어 지식, 예를 들어 인사 표현이나 셈씨의 울림이 다르다. 말의 흐름 자체가 다르다는 생각마저 든다. 단순한 착각일지도 모르지만.

하지만 이것이 한계다. 나머지는 역시 공부해야겠다.

대만의 언어 상황은 지금도 복잡하다. 대만어는 물론 굳건하지만 중국 북경어와 미묘하게 다른 '국어'國語 즉 '대만화어'가 보급되면서 일본에도 『오늘부터 시작하는 대만화어』라는 입문서가 등장했다.

최근 일본엔 중국어 학습자가 급격히 늘어났다. 표준어를 익히기도 버겁겠지만 여러 변종에 귀를 기울여야만 비로소 알 수 있는 세계가 있지 않을까.

7

덴마크 하면 동화의 나라다. 유명한 동화작가 안데르센을 낳았고, 수도 코펜하겐은 마치 동화의 세계처럼 아름답다.

하지만 나에게 덴마크는 언어학의 나라다. 조금만 떠올려도 예스페르센, 옐름슬레우, 톰센, 페데르센, 라스크 등 쟁쟁한 언어학자의 이름이 줄줄 나온다. 하지만 일반적으로는 잘 알려져 있지 않다.

그렇다면 덴마크어는 언어학의 언어일 것 같은데 이게 좀 아리송하다. 덴마크 언어학자는 모두 어학에 능통해 영어나 독일어로 논문을 발표한다. 덴마크어로만 쓴 연구논문은 얼마나 될까. 덴마크어를 읽을 수 없는 나는 그런 조사를 하기도 어렵다.

여기에 덧붙여 두겠지만 언어학자라고 누구나 어학의 달인은 아니다. 특히 주요 언어가 모어인 사람이라면 아무래도 의심스럽다. 그 점에서 덴마크는 역시 마이너한 나라이고 덴마크어 또한 그렇다. 학자들도 그것을 익히 안다.

그런 덴마크어인데 언어학의 문턱은 매우 높다. 가

장 큰 이유는 코펜하겐 학파의 언어 이론이 너무 어렵다는 데 있다. 논리적 사고 회로에 문제가 있는 나는 감당하기가 좀 힘들다.

그래서 구체적인 언어 연구 쪽으로 눈을 돌린다. 예스페르센의 영어학이 유명한데 일본에도 번역서가 여럿 나와 있다. 배울 것도 많다.

언젠가 요시다 겐이치의 에세이를 읽다가 예스페르센의 문법을 격렬하게 비판한 내용을 발견했다. 영어의 달인으로도 알려진 이 작가에 따르면 이런 세세한 문법에 매달리기 때문에 일본인은 언제까지나 영어를 말하지 못하는 거라고 하니 참으로 통렬한 비판이다.

하지만 요시다는 마이너한 나라의 언어학자가 쓴 저작에서 표층밖에 못 봤던 것이 아닐까. 세세한 문법에 집착해 왔기 때문에 뛰어난 언어 이론이 덴마크에서 나온 것이다. 그 문법이 너무 뛰어나기에 일본어를 비롯한 여러 언어로 번역된 것이다. 역시 덴마크는 언어학의 나라다.

8

가끔은 본격적인 문법 이야기를 하자.

독일어에는 분리동사라는 것이 있다. 분리동사는 사전 표제어를 보면 접두사(이 부분을 '전철'前綴이라고 한다)가 붙은 복합동사처럼 생겼는데, 문장에서는 전철만 문장 끝에 남아 분리되어 버리는 참으로 귀찮은 물건이다.

Ich stehe jeden Morgen um 7 Uhr auf. 나는 매일 아침 7시에 일어난다.

여기서 두 번째 단어인 stehe가 동사인데 사전을 찾아봐도 stehen은 '서다, 서 있다'라는 의미밖에 나오지 않는다. 마지막에 있는 auf를 앞에 붙인 aufstehen 형태로 찾아야 '일어나다, 기상하다'라는 뜻임을 알 수 있다. 이런 게 분리동사다.

잘 생각하지 않고 처음부터 사전을 찾는다면 독일어는 제대로 이해할 수 없다. 모든 단어를 파악하는 것이 중요하다. 예를 들어 시계를 분해해서 청소하고 미세한 나사와 태엽 따위를 제자리에 원래대로 되돌린 줄 알았는데 정신을 차려 보니 나사가 하나 남아 있고 잘 살펴보니 초침도 반대로 가고 있다. 분리동사의 전철을 잊어버리고 번역했을 때 그런 기분이 든다.

독일어는 독일, 오스트리아, 스위스만의 언어가 아니다. 내가 주로 접촉하는 슬라브어권에도 독일어 화자가 적지 않고 외국어로 공부하는 사람도 많다.

어느 때인가 슬로베니아 방언 지도를 보고 있었다. 슬로베니아는 알프스 동쪽에 위치한 슬라브계 나라다. 그곳의 언어가 슬로베니아어인데 산이 많은 지형이라 방언이 잘게 쪼개져 있음을 지도에서 엿볼 수 있었다. 그런데 지도에 웬일인지 폭 파인 공백 부분이 있다. 조사해 보니 이 코체베 지방은 독일어권으로 슬로베니아 방언 지도에서는 다루지 않는 지역이다!

이처럼 독일어는 뜻하지 않은 곳에 분포하고 있다. 이탈리아 북부 볼차노라는 도시는 이탈리아어와 독일어를 쓰는 이중언어권이고 브라질 남부 산타카타리나주 블루메나우는 독일계 이민자가 많이 살아 매년 맥주 축제가 열린다. 별로 주목되지는 않지만 그러한 다양성이 독일어의 훌륭함이다.

독일 이외 지역을 무시하고 독일어 얘기를 하는 것은 분리동사의 전철을 잊어버리는 것과 같다.

해양 문화와 인연이 별로 없는 나에게 인도양에 떠 있는 몰디브공화국은 완전히 미지의 나라다. 신문에 실린 해외여행 광고에서 패키지여행 안내를 가끔 보는 정도다. 물론 언어도 모른다.

몰디브의 공용어를 디베히어라 한다. 약 200개의 섬에 사는 약 20만 명이 사용하는 언어다. 26개에 이르는 산호 환초로 이루어진 나라에 저마다 방언이 있다고 하니 얼마나 복잡하겠는가.

그 디베히어 회화책을 발견했다. 삽화가 많이 들어간 귀여운 회화책은 스쿠버다이빙 등을 배우러 몰디브로 떠나는 활력 넘치는 사람들을 위해 만들어졌다. 그 내용도 활기차고 흥겨우며 몰디브인의 너그럽고 대범한 성격에 아낌없는 찬사를 보내면서 수도 말레의 생활 정보를 제공한다. 실용적이지만 내가 원하는 것과는 조금 다르다. 그래도 일본어로 읽을 수 있는 디베히어 회화집은 이것뿐일 것 같아 꼼꼼히 페이지를 넘긴다.

그러다 글자가 매력적이라는 사실을 깨닫는다. 디베히어는 타나문자를 사용한다. 아랍문자를 기초로 만

들어진 이 글자는 오른쪽에서 왼쪽으로 쓰는데 회화책에는 손 글씨로 적혀 있다. 자음자 위에 모음자가 하나씩 올라가기 때문에 아랍문자에 비해 짧게 토막 난 느낌이다. 이게 또 귀엽다.

물론 타나문자를 읽을 수 없기 때문에 첨부된 가나 표기를 보지만 도무지 짐작이 가지 않는다. 계통으로는 신할리즈어에 가깝다고 하며, 지도에서 확인하면 스리랑카가 코앞에 있다. 그러면 인도유럽어족일 가능성이 높다. 그렇게 생각하며 단어를 보면 왠지 그게 맞는 것도 같지만 차용어일 가능성도 있어서 일률적으로 말할 수는 없다. 뜻밖에도 회화책에 '아두어' 소개가 나와 있다. 몰디브 최남단의 아두 환초에서 쓰이는 '지역어'라 하니, 그렇다면 지역 방언으로 '언어'까지는 아닐 것 같은데 그런 면에서도 대범하다. 자그마한 회화책에서 지역 방언까지 거론하다니 활력과 경쾌함을 다시 느낀다.

사실 러시아어 선생이 정년 후 남쪽 섬으로 이주하거나 스쿠버다이빙에 열중하는 사례가 의외로 많다. 추운 나라와는 다른 체험을 하고 싶은 걸까. 나도 그러리라는 생각은 전혀 들지 않지만 앞일은 모르니 이 회화집을 소중히 간직해 두자.

2007년 3월부터는 대학에서 가르치는 일을 그만두려던 참이었는데 같은 해 1월부터 외국어대학에 시간강사로 가게 됐다. 담당 과목은 비교언어학으로 전임자가 느닷없이 병에 걸려 대타로 나선 것이었다. 2학기 중간에 시작한 터라 수강생이 겨우 여섯 명밖에 없었다.

비교언어학은 다양한 언어를 주제로 다루기 때문에 각 학생이 전공하는 언어도 가급적 언급하고 싶다. 여섯 명 가운데 유럽어 전공자는 프랑스어가 두 명, 영어와 독일어가 각 한 명으로 이건 어렵지 않았다. 아시아 언어는 언제나 싱글벙글 웃는 한국어 전공자 2학년생이 한 명. 이것도 옛날에 열중했던 언어니까 어떻게든 하면 됐다. 나머지 한 명의 전공은 라오어였다.

요즘 캄보디아나 베트남 같은 인도차이나반도의 언어 전문가와 많이 어울리는데, 그러고 보니 라오어에 대해서는 아는 게 없다. 하지만 수업에서는 모든 학생에게 평등해야 한다. 임시변통 지식이라도 좋으니 어쨌든 이야깃거리 하나라도 모으자는 심산으로 『CD 익스프레스 라오어』부터 펼쳐 본다. 해설에 따르면 라오어는 태

---

* 국명 '라오스'에 '어'를 붙인 '라오스어'도 많이 통용되지만 민족명 '라오족/라오인'의 어근 '라오'에 '어'를 붙인 '라오어'가 표준 명칭이다.

국어와 마찬가지로 타이카다이어족 서남태국어군에 속한다. 라오어와 태국어는 가까운 언어다. 이것은 비교언어학에서 계통을 논할 때 중요한 정보다.

'문자와 발음' 항목을 살펴본다. 라오스 문자라는 독특한 글자로 표기한다. 인도계 문자의 관례에 따라 자음을 중심으로 모음 부호가 상하좌우에 여러 가지 붙어서 익히기에 꽤 힘들 것 같다. 게다가 성조 기호도 붙는다니 성조가 따로 있음도 알게 된다. 나아가 '문자와 발음' 항목 끝에 다음과 같은 설명이 있다. "사실 이 철자법 체계는 지금도 불안정한 라오어와 더불어 나날이 달라지고 있습니다. 이는 라오스 문자가 하나의 소리를 하나의 글자로 나타내는 표음문자라는 원칙에서 발음이 변화함에 따라 철자법도 바뀌고 있다는 뜻입니다." 이런 엄청난 언어를 저 학생은 전공하고 있는가!

아무튼 이런 지식을 즉석에서 익혀 비교언어학 이야기에 버무려 봤다. 그러자 라오어 전공 학생은 매우 기쁜 표정을 지었다. 4학년이라 졸업논문 등으로 바쁠 텐데 빼먹지 않고 수업에 참석했다. 그러니 계속할 수밖에 없었다. 이 학생의 기대에 부응하려고 라오어를 파고들면서 많은 시간을 보냈다. 그것도 꽤 재미있었다.

내가 대학생이었을 때는 지금만큼 어학서의 종류가 다양하지 않았고, 특히 유럽의 마이너 언어는 학습하기가 어려웠다. 하쿠스이샤의 익스프레스 시리즈가 막 나오기 시작했고 다이가쿠쇼린의 4주간 시리즈는 아시아 언어가 많았다. 따라서 다른 외국어로 된 교재를 찾는 수밖에 없었다.

다언어를 목표로 하는 사람에게 예나 지금이나 고마운 어학서는 Teach Yourself 시리즈로, 일본어로 공부할 수 없는 언어 입문서가 풍부했다. 마루젠 서점 같은 곳에서 쭉 늘어선 책등을 바라보는 것만으로도 왠지 가슴이 설렜다.

Teach Yourself는 가끔 시리즈 전체를 개정한다. 개정에 따라 외국어의 종류가 늘어나는 경우도 많지만, 때로는 웬일인지 없어지는 언어도 있다. 그 사실을 깨달은 것은 Teach Yourself의 Latvian, 즉 라트비아어 입문서를 간다의 헌책방에서 발견했을 때였다.

책을 손에 들었을 때 이상하다는 생각이 들었다. 이 시리즈에 라트비아어는 없는 줄 알았다. 장정도 마루젠에서 보던 것과는 달랐다. 하지만 틀림없이 Teach Yourself 시리즈였다. 그러니까 예전에는 라트비아어가 있었던 것이다. 음, 훌륭하지 않은가!

구소련 발트삼국에는 옛날부터 좋은 인상을 갖고 있어 지금까지 여러 차례 방문했다. 처음 갔던 때는 1980년대 중반으로 모스크바에서 출발하면 거리의 라틴문자 표기가 신선한 인상을 주었다. 에스토니아어, 라트비아어, 리투아니아어 모두 라틴문자로 표기한다. 이런 언어에 마음을 빼앗겨 어떤 언어인지 들여다보고 싶었지만 입문서를 좀처럼 구할 수 없었다. 그래서 Teach Yourself 시리즈의 Latvian을 손에 넣었을 때 감동함과 동시에 절판된 것에 매우 아쉬움을 느꼈던 것이다.

하기야 이것은 그리 쉬운 교재가 아니다. 텍스트는 잔글씨로 빽빽이 인쇄되어 있다. 라트비아어는 라틴문자의 위아래에 작은 기호가 여러 가지 붙는다. 심지어 영어 설명까지 어렵다. 음성 교재는 물론 딸려 있지 않다. 이 교재는 보고 즐기기만 했을 뿐 라트비아어를 마스터하는 데까지는 도저히 갈 수 없었다.

이제는 발트삼국의 어느 언어든 일본어 음성 교재가 출간된다. 시대가 바뀌었다.

겐큐샤에서 나온 『신영일대사전』(제6판) 권말에 라틴어를 중심으로 외국어 관용 표현 80여 개가 Foreign phrases and quotations로서 수록되어 있다. 영어권의 인텔리층에게는 이런 문구가 아마 상식이고 교양일 것이다. 그런 교양이 없는 내가 들여다봐도 꽤 재미있다. 사전은 모르는 말을 찾을 때만 들추는 게 아니다.

문학부 영문학과 전공과목으로 영어학을 가르친 적이 있다. 슬라브어학 전공인 나에게 영어학을 배우다니 학생들도 딱하다. 그런 만큼 나는 가능한 한 학생들에게 도움이 되도록 수업을 여러모로 궁리해 보았다. 학생 대부분의 목표는 졸업 후에 중고등학교 교직에 종사하는 것이다. 그래서 라틴어를 접할 것을 강력히 권장했다. 영어를 가르치는 일과 직접적으로 관련은 없지만 고전어란 기초체력 같은 것이니 단련해 두면 손해날 일은 없다.

남한테는 권하면서도 정작 나는 라틴어를 못한다. 이래서는 좀 곤란하다. 라틴어 입문서에서 동사와 명사 변화표만 복사해 작은 카드에 붙여서 주머니에 몰래 지니고 다닌다. 당시 직장은 문을 나서면 경사가 심한 언덕이라 라틴어 변화표를 노려보며 오르기로 한다. 수행 승 같은 금욕적인 기분이 든다.

라틴어처럼 격변화나 동사 활용이 복잡한 언어는 그 변화표만 제대로 머리에 넣으면 그다음엔 어휘를 늘려 가며 읽기만 하면 된다. 이는 슬라브어도 마찬가지다.

그러나 변화표만으로는 정말 공허하다. 아무리 머리에 집어넣어도 실제로 글을 접하지 않으면 전혀 힘이 붙지 않는다. 그런데 언덕을 오르면서 문학을 읽을 수는 없다. 그래서 일단 짧은 노래라도 암송할까 생각했다. 그것이 「어서 가 경배하세」다.

크리스마스 때 자주 부르는 성가다. 일본어로 '신의 아들은 오늘 저녁에도'라고 번역돼 있지만 체코나 폴란드의 성탄절 노래집을 보면 이 부분만 라틴어 그대로 되어 있다. 이 가사를 들여다보며 언덕을 올라갔다. 가을부터 시작했으니 크리스마스까지 늦지는 않을 터였다.

자, 다음에는 무엇을 할까? 라틴어는 대화할 필요가 없어 마음 내키는 대로 공부할 수 있다는 점이 매력이다. 교직 지망생도 내키는 대로 공부하면 되니 라틴어에 발을 들였으면 좋겠다.

대학 4학년 여름에 극동 나홋카 피오네르* 캠프에서 러시아어 통역을 했다. 피오네르는 구소련 소년단으로 아이들은 자신이 속한 피오네르 캠프장에서 여름방학을 보낸다. 그 캠프에 일본 아이들을 참가시키는 프로그램이 있었는데, 거기에서 통역 아르바이트를 했던 것이다.

　　낮에는 아이들과 놀기도 하지만 밤은 물론 어른의 시간이다. 일본과 소련 지도원에 더해 블라디보스토크 극동대학 일본어학과 학생으로 통역 아르바이트를 하던 러시아인 사샤도 함께 밤마다 술을 마셨다.

　　당시 나는 아직 젊고 술도 지금보다 많이 마셨다. 옛날부터 맥주를 좋아했지만 기본적으로는 뭐든지 마셨다. 그래서 사샤가 "지금 블라디보스토크에서 제일 유행하는 방식이야"라며 보드카와 맥주를 섞어 권하면, 그 도전을 당연하게 받아들였다. 대여섯 잔 정도 마신 것까지는 기억하지만, 그 후 생전 처음으로 필름이 끊겼다.

　　이튿날은 그때까지 경험한 적 없는 두통에 휩싸였다. 옆 침대에 있는 사샤도 마찬가지로 괴로워했다. 오

---

* '개척자'라는 뜻의 러시아어.

전에는 통역은커녕 둘이서 끙끙 신음 소리만 냈다.

해가 중천을 넘어선 다음에야 회복이 되어 지도원 활동에 어슬렁어슬렁 동참했다. 지난밤 함께 마신 친구들이 싱글벙글하면서 말했다. "구로다, 너 말이야, 취하니까 러시아어밖에 할 줄 모르더라!"

그 말에 놀랐다. 물론 전혀 기억나지 않았다. 더 물어보니 일본인 지도원한테까지 러시아어로 말을 거는 지경이었고, 마찬가지로 술에 취한 사샤가 통역을 했다는 것이다.

필름이 끊겨도 할 수 있는 외국어는 내 평생 러시아어밖에 없을 것이다. 아직 살짝 지끈거리는 느낌이 남은 머리를 감싸 쥐면서 나는 이상한 성취감이 차오르는 걸 느꼈다.

그러나 이내 불안해져서 물었다.

"격변화랑 동사 변화는 잘 맞았어?"

찾아보니 레토로망스어는 한 언어가 아니고 언어 집단의 이름이었다. 베르베르어를 논할 때와 같은 착각을 하고 말았다. 하지만 예를 들면 『세계의 언어 가이드북 1 - 유럽·아메리카 지역』에서는 이탈리아어나 영어처럼 레토로망스어를 한 항목으로 다뤘으니 헷갈리는 것도 당연하지 않을까.

'레토로망어'라는 표기도 가끔 보인다. 그러나 이 명칭은 이제 그다지 많이 사용하지 않는 듯하다. 언어 명칭은 성가시다. 하지만 어느 언어학 개론서에서 발견한 '레트로로망어'라는 표기는 아무리 생각해도 맞을 리가 없다.

좀 더 정확히 표현하자면 레토로망스 제어諸語라고 해야 할지도 모르겠다. 스위스 남동부 그라우뷘덴주의 로만슈어, 이탈리아 북부 돌로미티산맥의 라딘어, 게다가 이탈리아 북동부의 프리울리어까지 들어간다. 내가 생각했던 것은 이 가운데 로만슈어뿐이었다. 프리울리어권은 개인적으로 중심 도시 우디네를 여행하기도 했으니 이미 레토로망스어와 마주친 셈이다. 하지만 레토로망스어는 스위스 언어라는 확신에서 벗어나지 못한다.

스위스에는 유럽에 갔을 때 체류한 적이 있다. 아는 독일어 선생님의 권유로 스위스 항공편을 이용해 취리히를 경유했던 것이다. 처음 스위스에 가는 것이라 아내와 둘이서 가슴이 설렜다. 혹시 레토로망스어(즉 로만슈어)를 듣거나 볼 기회가 있지 않을까? 취리히가 독일어권인 것은 알았지만 로만슈어도 1996년에 국민투표를 통해 공용어 중 하나로 인정받았으니 어딘가 공공장소에 쓰여 있을 만했다.

하지만 단 한나절의 취리히 체류로는 레토로망스어를 만날 수 없었다. 여기저기 찾아봤지만 기내 좌석에 있던 멀미 봉투의 표시에서 그럴듯한 것을 발견했을 뿐이었다. 물론 기념으로 챙겼다.

역시 그라우뷘덴주로 가야 하나. 아니다. 일부러 가 봤자 화자가 고작 35000명밖에 안 된다. 게다가 대부분이 독일어나 이탈리아어를 할 줄 아는 이중언어 사용자다.

그건 그렇다 쳐도 독일어와 이탈리아어를 들으면 구별이나 될까.

도쿄 긴자 주오도리 거리에 루마니아 음식을 내놓는 진귀한 레스토랑이 있었다. 아쉽게도 문을 닫았지만 워낙 고급스러워 특별한 날에만 갔는데 메기 요리와 루마니아 와인의 조합이 나쁘지 않았다. 가게 입구에는 전시와 판매를 겸해 인형이나 컵받침 같은 루마니아 민속공예품을 진열해 놓았는데, 그것을 바라보면 루마니아는 역시 나에게 친숙한 동유럽 지역과 어쩐지 공통점이 있다는 느낌이 들었다.

다만 언어는 다르다. 루마니아어는 슬라브어 계통이 아니라 로망스어다.

인접한 불가리아어나 우크라이나어보다 오히려 조금 떨어진 이탈리아어와 계통이 같다. 그런데 얼마나 가까운지는 잘 모르겠다. 루마니아어를 들은 이탈리아인이 "40퍼센트 정도 알아들을 수 있는 것 같다"라고 한 적이 있었다. 어떻게 해석한 것인지, 애초에 그 수치가 어떤 근거에서 비롯된 것인지 참으로 미묘하다.

루마니아에는 아쉽게도 방문한 적이 없지만 그 옆에 있는 구소련 몰다비아공화국(현 몰도바공화국)에는

가 본 적이 있다. 루마니아어와 몰다비아어는 언어학적으로 비슷하다는 것이 일반적인 견해이지만 어느 쪽도 모르는 나로서는 도무지 판단이 서지 않는다. 다만 생초짜라도 루마니아어는 라틴문자로 표기하는 반면 당시 몰다비아어는 키릴문자로 표기했다는 점은 알아차릴 수 있다.

몰도바의 수도 키시너우는 첫 해외여행 때 방문한 도시 중 하나다. 보통 여행 초보자가 갈 만한 곳은 아니다. 현지에서 고용한 관광가이드조차 의아한 표정을 지었다. 하지만 나는 꽤 즐거웠다. 러시아어와 우크라이나어만 구사하는 슬라브 언어권을 여행한 뒤 몰도바에 오면 낯익은 키릴문자로 도무지 알 수 없는 철자가 적혀 있어서 오히려 신선했다.

먼 옛날 일이라 기억이 희미한데 호텔 대피로 설명이 러시아어, 영어, 독일어 외에 루마니아어로도 적혀 있던 것이 묘하게 인상에 남았다. 그 무렵부터 그런 특이한 것만 마음에 남는다.

룩셈부르크어는 1984년 언어법에 따라 룩셈부르크대공국의 공용어 중 하나가 됐다.* 게르만어파에 속하는데 독자적인 언어인지 독일어 방언인지 판단하기는 어렵지만, 공용어가 되었을뿐더러 문어가 법률적으로 인정됐다면 독자적 언어인 셈이다. 나라와 마찬가지로 작은 언어임에 틀림없지만 독일이나 벨기에에도 화자가 있어 생각보다는 상당히 널리 퍼져 있는 듯하다. 그렇다 해도 이러한 지역에서는 쇠퇴 일로를 걷는 게 아닐까 싶다.

　룩셈부르크어는 도대체 어떤 소리가 날까. 이럴 때 지금 이 시대는 참 편리하다. 인터넷으로 찾으면 되니까.

　인터넷에서는 여러 지역의 텔레비전 영상을 볼 수 있다. 그런 방송국 이름을 모아 둔 페이지도 있는데 거기서 룩셈부르크를 발견했다. 여러 사이트를 열어 본다.

　그런데 독일어나 프랑스어는 있지만 룩셈부르크어는 없다. 찾는 방법이 잘못됐나? 대사관 웹사이트에 소개가 조금 있지만 음성은 없다. 그래서 음성은 포기하고 글자를 보려고 역시 인터넷에서 신문을 찾는다. 그런데

---

* 또 다른 공용어는 독일어와 프랑스어다.

이것도 못 찾겠다. 도대체 어떻게 된 걸까.

그러고 보니 요즘은 일본의 외서 서점에 어학서가 그렇게 다양한데도 룩셈부르크어 교재는 본 적이 없다. 불가사의한 언어다.

그러던 중 모 출판사 편집자가 룩셈부르크어 교재 사본을 보여 줬다. 어느 게르만어 학자에게 빌려 복사했다고 한다. 기밀문서처럼 취급한다. 거기서 본 철자는 독일어 바탕에 프랑스어 요소를 가미한 듯 재미있었다. 다만 그다지 천천히 볼 수가 없었기 때문에 확실히 얘기할 수는 없다.

한때 한 수입 식료품점에서 룩셈부르크 와인을 발견하고 마음에 들어 자주 샀지만 그 라벨에서 룩셈부르크어를 본 기억은 없다. 그건 그렇고 그 와인이 이제는 입고되지 않는다.

나에게 룩셈부르크어는 수수께끼투성이다.

(이 이야기는 2008년의 일이다. 지금은 일본에서 출판된 어학서도 있다. 다만 와인은 여전히 구하기 어렵다.)

2000년 여름에 리투아니아 제2의 도시 카우나스에서 리투아니아어 연수를 받았다. 한 달 동안 아침부터 저녁까지 리투아니아어에 푹 잠긴 듯 지냈다. 그에 비해 많이 늘지 않았고 그 이후에도 전혀 늘지 않았지만 마음에 담아 두었던 리투아니아어를 공부할 수 있어서 대단한 행운이었다.

　……라는 것은 나중에 되돌아보았을 때 이야기다. 연수를 받는 동안에는 좀처럼 그런 기분이 들지 않았다. 컨디션이 좋을 때는 괜찮지만 피로가 쌓이면 괴로웠다. 어느 날 생수가 필요해서 슈퍼마켓에 갔다. 식료품 매장엔 모두 리투아니아어로 표시가 되어 있다. 가끔 러시아어 설명서가 있는 식료품도 있지만 그런 것은 이상하게도 맛이 없다. 그래서 리투아니아어를 열심히 읽어야 했다.

　생수 매장에는 여느 나라와 다름없이 페트병이 빼곡히 늘어서 있다. 문득 옆을 보니 특판 코너의 페트병에 actas(아츠타스)라고 쓰여 있다. 라틴어 aqua를 닮았네. 역시 인도유럽어족 중에서도 옛 형태를 잘 보존하고 있는 리투아니아어, 언어의 실러캔스라는 말을 듣는 것도 납득할 만하다.

하숙집에 가서 우선 물 한 잔을 마시고 싶다. 오늘 하루도 피곤하네. 입맛도 별로 없고 목이 마를 뿐이다. 페트병 속 액체를 한 방울 입에 머금었다 이내 부엌 싱크대에 엉겁결에 내뱉었다.

뭐야, 이 맛은!

아츠타스는 리투아니아어로 '식초'를 뜻한다. 곰곰이 생각해 보니 체코어로는 오체트이고 우크라이나어로도 그렇다. 하지만 그런 것이 슈퍼마켓에서는 생각나지 않는다. 참고로 물은 반두오라고 한다. 이런 실수로 피로가 곱절은 늘어난다. 그날은 목이 마른 채 침대로 기어들었다.

리투아니아어는 어형 변화로 보면 보수적인데 어휘는 다른 인도유럽어족 언어에서 상상할 수 없는 것이 많다. 대강만 유추하고 제대로 사전을 찾아보지 않으면 낭패를 보기 마련이다. 정말 어설픈 비교언어학 지식 때문에 쓴맛, 아니 신맛을 봤다.

다카노 히데유키의 『이국 도쿄 표류기』에 저자가 링갈라어를 배우는 이야기가 나온다. 1986년 텔레비전 방송국과 합동으로 콩고에 괴수를 찾으러 가는 기획을 앞두고, 방송인의 우수함을 몸소 느낀 탐사대원은 현지인과 더욱 적극적으로 친해지고자 널리 통용되는 프랑스어가 아니라 현지인이 사용하는 링갈라어를 배워 익히자고 생각한다. 링갈라어는 콩고공화국이나 콩고민주공화국(구 자이르공화국)에서 사용하는 반투어파 계통의 언어다. 학습은 링갈라어를 가르쳐 줄 콩고인을 찾는 데서 시작된다. 어렵게 찾은 윌리(콩고 자이르계)가 가르쳐 주기로 했는데 뜻밖의 어려움이 기다리고 있었다. 글자가 없는 것이다.

그래서 윌리는 라틴문자를 사용해야겠다고 생각한다. 시험 삼아 몇 개의 단어와 문장을 화이트보드에 쓰자 다카노 씨가 로마자식으로 읽고 "아, 대충 무슨 말인지 알겠어!"라고 한다. 글자 만들기부터 시작하다니 본격적인 언어학자 같다.

그렇다 치더라도 1980년대 일본에서 링갈라어가

그렇게 미지의 언어였단 말인가. 혹시 교재가 없었나 찾아보니 지키하라 도시오의 『링갈라어 입문편』이 1965년에 천리교 해외전도부에서 출판되었다. 도서관에서 대출하기로 했다. 출판사 이름에서도 짐작할 수 있듯이 이 책은 천리교 포교를 목적으로 편찬된 것이다. 내용은 라틴문자로 적혀 있다. 부속 기호를 사용하지 않고 로마자 읽기만으로 가능한 모양이다. 윌리와 다카노 씨가 옳았다.

이 입문서는 권두언이 재미있다. 콩고공화국의 수도 브라자빌은 프랑스어가 통용되는 도시이지만 일행 중에 프랑스어를 별로 못하는 이가 손짓 몸짓으로 의사소통을 가장 잘했다. 웃고 넘길 얘기인데 포교를 하고 나면 그걸로 끝낼 수 없다. 그래서 링갈라어가 등장한다.

"그 땅에서 태어나 그 민족 안에서 길러진 언어로 이야기를 나누는 것이 서로의 흉금을 터놓고 이해와 친밀감을 더하는 데 얼마나 큰 도움이 되는지는 더 말할 나위도 없다."

그러고 보니 다카노 씨와 발상이 똑같다. 학습 환경이 갖춰지지 않은 외국어를 목표로 삼는 사람들의 마음은 의외로 공통적인 것 같다.

마오리어

친구인 스가 게이지로 씨가 대학의 해외 파견 연구자로 뉴질랜드에 갔다. 영어, 프랑스어, 스페인어에 포르투갈어도 잘하는 그는 뉴질랜드에 가자마자 마오리어에 관심을 가졌다. 열심히 공부해서 '마오리어를 척척 말합시다'라는 블로그까지 만들어 버렸다. 변함없이 엄청난 파워다.

나는 오스트로네시아 문화에 관심도 지식도 얕지만 스가 씨의 블로그를 들여다보면 왠지 마오리어가 재미있어 보인다. 글솜씨가 뛰어나 푹 빠졌는지도 모른다.

18세기 쿡 선장이 뉴질랜드에 상륙한 이래 마오리어는 영어와의 관계에서 복잡한 역사를 전개해 간다. 한때는 상당히 약화된 시기도 있었지만 1987년 마오리언어법이 제정되면서 마오리어는 뉴질랜드의 공용어가된다. 이 효과는 대단하다. 조금 오래된 개론서를 보면 마오리어는 앞날이 캄캄하다는 식으로 기술되어 있지만, 최근에는 마오리어를 사용할 수 있는 어린이의 수가 급속히 늘고 있다는 보고도 나온다. 이른바 선주민 언어가 멸하기만 하는 것은 아니다.

계통적으로 마오리어는 하와이어나 타히티어와 같은 오스트로네시아어족의 폴리네시아어파에 속한다. 세계지도를 들여다보면 뉴질랜드와 하와이는 상당히 멀어 보인다. 하지만 배를 타면 '바다는 길'이며 사람이 오가는 곳이다. 따지고 보면 아프리카 마다가스카르섬의 말라가시어도 같은 오스트로네시아어족이다. 상당히 범위가 넓다.

스가 씨는 장래에 뉴질랜드에 살고 싶다고까지 말한다. 세상 곳곳을 돌고 돌아서 건너간 그를 그토록 끌어당기는 뉴질랜드란 도대체 어떤 나라일까. 그리고 마오리어는 어떤 언어일까.

전혀 상상할 수 없는 나 자신의 언어관이 얼마나 좁은지 새삼스럽게 깨닫는다.

언어 명칭

내가 다녔던 대학의 외국어학부에 이스파니아어학과가 있었다.
여기서 주의해야 할 것은 어디까지나 이스파니아어*이지
스페인어도 카스티야어도 아니라는 사실이다. 잘못해서
'스페인어학과'라고 하면 싫은 내색을 하는 선생님도 있었다.
뭔가 미묘한 문제인 것 같아 나는 실수하지 않도록 평소에
조심했다.

　언어 명칭에는 여러 가지 역사적인 사정이 얽혀 있다.
일반적으로 쓰이는 명칭이 차별적이거나 부정확할 수도 있다.
그 때문에 해당 언어의 화자가 다른 명칭을 내세우는 일도 자주
생긴다. 일일이 확인해서 탈이 생기지 않도록 해야 한다.

　72항 카탈루냐어에는 '카탈로니아어'라는 명칭이 하나 더
있다. 카탈루냐와 카탈로니아는 무엇이 다를까. 틀리지 않아야
한다는 생각에 『카탈루냐 문답 50개』를 살펴봤다.

　　"결론부터 말하자면 둘 다 옳습니다. '카탈로니아'는 중세
　　라틴어 문헌에 나오는 형태를 그대로 따른 것입니다.
　　'카탈루냐'는 13세기경 카탈루냐어로 문서를 작성하기

---

* '이스파니아'는 스페인을 일컫는 라틴어 Hispania의 스페
인어 발음으로 에스파냐의 어원이기도 하다.

시작하면서 사용된 형태이므로 그보다 나중에 생겼습니다. 현재 카탈루냐에서 쓰이는 명칭은 Catalunya이므로 원어에 충실하자는 원칙을 따른다면 '카탈루냐'가 나은 셈이죠."

아주 평온한 어조의 설명을 보고 나서 안도의 한숨을 내쉬었다. 모두가 강하게 주장하지는 않는다. 물론 단순히 '국명+어'로 무턱대고 해 버려서도 안 된다. '인도어'나 '스위스어'는 불가능하기 때문이다.

하지만 미묘한 경우도 있다.

예를 들면 에티오피아가 그렇다. 아프로아시아어족에 대해 알아보던 중이었다. "산세이도의 『언어학 대사전』 제2권 465쪽에 '에티오피아어(=에티오피아 셈 제어)'라고 나와 있는데 '에티오피아어'라는 단어는 없습니다. 암하라어입니다"라는 투서가 왔다. 부랴부랴 다시 『언어학 대사전』에서 에티오피아어를 찾아보니 제1권 934쪽에 표제어로 등재되어 있고 '→ 게즈어, 암하라어'라는 표시가 있다. 투서한 사람이 누구이기에 그토록 자신 있게 '에티오피아어는 없다'고 딱 잘라 말할 수 있었는지 전혀 모르겠지만, 아무래도 내가 중대한 실수를 저지른 것 같아 그 책은 중쇄를 찍을 때 정정했다.

이렇게 가나다순으로 세계 언어를 나열해 보니 표기

문제를 피할 수 없음을 깨달았다. 표기 방법이 다르면 순서가 달라진다. 수시로 판단을 내려야 할 때가 많았다.

하지만 표기에만 관심을 쏟다 본질을 오도해서는 안 된다. 조선어냐 한국어냐를 따지기 이전에 정작 중요한 것은 명칭에 구애받지 않고 그 언어를 배우는 것이 아닌가.

어느 외국어대 한국어학과 학생이 동료들끼리 전공 언어를 '코리아어'라 부른다고 알려줬다. 세상의 이데올로기에 희생당하는 듯한 느낌마저 든다. 꿋꿋하게 공부하길 바란다.

어느 여름 나는 벨라루스공화국의 수도 민스크에 3주 정도 머물며 벨라루스어 강습을 받았다. 독립한 지 얼마 안 된 벨라루스는 시설은 갖추지 못했지만 언어교육에는 열심이었다. 작은 강습회라 참가자도 적고 나 말고는 괴짜 프랑스인 한 명에 나머지는 마케도니아인 일고여덟 명이었다. 모두 같은 아파트에서 생활하며 대학에 다니던 터라 수업이 끝난 오후엔 언제나 함께 시간을 보냈다.

마케도니아인 무리는 인솔자 K 교수를 제외하면 모두 대학생이었다. 다들 활기차고 명랑했지만 언어가 문제였다. 누구나 영어나 러시아어 중에 하나는 되지만 둘 다 할 수 있는 사람은 없어서 여러모로 불편했다. 그래서 다들 의견을 냈다. "구로다가 마케도니아어를 배우면 돼!" 어쩌다 그런 결론이 났는지 이해할 수 없지만 어쨌든 오후는 마케도니아어에 흠뻑 잠긴 채로 보낼 수밖에 없었다.

K 교수가 러시아어로 마케도니아어 개론을 설명해준다. "명사는 격변화가 없으니 걱정하지 않아도 된다. 그러니 동사 활용부터 익히자. 부정사는 따로 없고 활용

패턴은 세 가지다." 그리고 메모지에 활용표를 써 준다. 나는 다른 슬라브어를 알기 때문에 이 정도는 식은 죽 먹기다. 바로 외워서 다른 동사도 활용해 본다. 대학생들이 솔직히 놀랐는지 나를 일본 컴퓨터라고 치켜세우는 바람에 기분이 아주 좋다.

　하지만 중요한 것은 이론보다 실천이다. 여럿이 달라붙어 말을 걸어온다. 특히 부엌일을 도맡아 하는 얌전한 여자아이는 영어도 러시아어도 서툴렀기에 내가 마케도니아어를 배운다는 사실을 알고 생긋생긋 웃으며 말을 건다.

　"사카슈 다 야데슈?" "사카슈 다 피에슈?"

　'사카슈'는 '~하고 싶다'의 2인칭 단수, '다'는 접속사, '야데슈'는 '먹다', '피에슈'는 '마시다'의 2인칭 단수다. 즉 '배고프니?' '목마르니?'라고 묻는 것이다. 대답은 '사캄 다 야담'(나는 배가 고프다), '사캄 다 피얌'(나는 목마르다)이다. 각 문장의 동사는 다 1인칭 단수다. 상냥한 여자아이는 빙그레 웃으며 쿠키를 내주고 차를 끓여 주었다. 내가 배부를 때도 마찬가지였다.

　그렇다. K 교수는 부정문을 가르쳐 주지 않았던 것이다!

제2차 세계대전 전까지는 '말레이어'라고 불리다가 전후에 독립을 이루면서 말레이시아에서는 말레이시아어, 인도네시아에서는 인도네시아어가 되었다.* 한때는 '표기법'을 통일해 두 언어의 차이를 좁히려는 노력도 했던 것 같지만 결국 그 틈을 메우지 못하고 어휘를 중심으로 많이 다른 언어가 된 듯하다.

　　말레이시아는 많은 사람이 여행지로 방문하며, 특히 태국, 필리핀과 더불어 일본 시니어 세대의 장기 체류지로 인기가 높다. 그런데 희한하게도 어학서는 인도네시아어가 더 많다. 어떻게 그럴 수 있을까?

　　얼마 안 되는 말레이시아어 교재 중에 알리 오스만과 아라이 다쿠지의 『지금 바로 말할 수 있는 말레이시아어 입문편』이 재미있다. 음식 이름을 비롯해 칼럼이 충실해 그것만 차근차근 읽어도 즐거움이 크다. 어학서는 이렇게 읽는 방식도 있다.

　　이 책을 보다가 문법에서 흥미로운 얘깃거리를 발견했다. 말레이시아어 boleh는 허가나 가능성을 나타내는 조동사로 영어 can에 가깝다. 하지만 boleh-

---

* 한국에서 '말레이어'는 말레이시아, 싱가포르, 브루나이 등지에서 쓰는 '말레이시아어'를 주로 가리키며, 인도네시아어와 묶이면 주로 '말레이인도네시아어'라고 부른다.

boleh처럼 반복 사용하는 용법이 있다는 점이 can과 다르다. 그래서 말레이시아어를 하는 사람은 영어를 할 때 그 버릇이 나와 이를테면 'Can I~'라는 의문문에 'Can, can!'이라고 답해 버린다. 이런 건 싫지 않다.

그러고 보니 이런 게 싱가포르 영어랑 비슷하다. 싱가포르는 말레이반도 끄트머리에 있다. 이곳 언어는 지금도 말레이어라고 한다. 그건 수리남도 마찬가지려나.

음, 근데 수리남이 어디 있더라? 남미인 것 같은데 별로 자신이 없다. 지도에서 수리남의 위치를 확인하며 내가 생각해도 한쪽으로 너무 치우친 세계관이 한심하다. 아이고, 이런.

최소한 미고렝이라는 볶음국수라도 먹고 식문화 세계관이라도 넓힐까. 근데 '미고렝'은 말레이시아어일까 인도네시아어일까. 더욱, 아니 말레이식으로 반복해서 '더욱더욱' 알 수 없게 되고 말았다.

해외 여러 나라에 나가 여러 가지 즐거운 추억을 쌓고 진귀한 체험을 해 왔지만 감동받은 나라는 단 하나뿐이다.

몽골.

하지만 방문한 적은 단 한 번밖에 없다. 게다가 이상하게도 통역으로 갔다. 물론 몽골어는 아니고 러시아어 통역으로.

1990년대 몽골엔 일본 관광객이 늘고 있었지만 일본어는커녕 영어 통역조차 모자랐다. 몽골에 가장 널리 보급된 외국어는 러시아어였고 인텔리는 모두 러시아어를 잘했다. 모스크바나 옛 레닌그라드에서 유학한 사람도 적지 않았다. 그래서 러시아어를 하는 몽골인과 내가 짝이 되어 통역을 한 것이다.

겨우 2주 정도의 몽골 체류였지만 살면서 그렇게 감동받은 적은 없었다. 하지만 무엇에 어떻게 감동했는지 말로 표현하자니 몹시 어렵다. 그동안 감동과는 인연이 없는 삶을 살아왔기에 막상 감동을 받았을 때 어떻게 표현해야 할지 갈피를 잡을 수 없다.

몽골어를 동경한 것도 감동의 이유다. 외국에 나가면 어디서나 현지 언어를 동경하지만 몽골에 갔을 때만큼 현지어를 못한다는 사실이 서러웠던 적은 없다. 몽골인에게 러시아어를 잘한다고 칭찬받긴 했어도 그런 것은 아무래도 상관없었다. 몽골어를 하고 싶었다.

몽골인 러시아어 통역사에게 몽골어 표현을 몇 가지 배웠다. 울란바토르 외곽의 자연 속을 산책하면서 입말로 숫자를 배웠는데 발음이 어려웠다. 글자로 적어 주면 좋겠다고 생각했다. 몽골어는 키릴문자를 사용하기 때문에 나에게는 편할 것이다. 그런데 써 놓은 글을 보고 이번에는 너무나 낯선 철자에 놀랐다. 아는 글자라면 오히려 당황할 수 있다. 아무래도 몽골어에 적성이 없는 걸까.

지금도 여전히 몽골어를 동경한다. 인생을 다시 시작한다면, 예를 들어 외국어대학에 다시 입학한다면 망설이지 않고 몽골어학과를 선택할 것이다. 물론 이룰 수 없는 꿈이기에 동경은 더욱 커져만 간다.

1998년 혼고 소재 대학교 노문과에 입학했다. 들어가 보니 노문과 외에 다른 학과에도 재밌을 것 같은 수업이 다양하게 개설돼 있어서 반가웠다. 그중에서도 언어학과는 모든 과목을 이수하고 싶을 정도로 흥미로웠다. 하지만 노문과도 필수과목이 있으니 다른 학과 수업만 들을 수는 없었다. 간신히 빈 시간을 찾아 몇 과목을 신청했는데 그중에 바스크어가 있었다.

　그래, 바스크어 공부를 한 적이 있다니까!

　바스크어 문법 개론이라도 들을 수 있지 않을까 했던 나의 예상과 달리 수업은 지극히 실천적인 내용이었다. 보통 외국어 수업과 마찬가지로 어휘를 외우고 작문 연습을 했다. 마지막에는 짧은 역할극을 외워서 부랴부랴 재일 바스크인이 모이는 바스크 축제에도 나갔다. 하지만 이 언어에 대해서는 완벽할 만큼 잊어버렸다. 괜히 부풀리는 게 아니고 지금 이렇게 눈을 감고 생각을 집중해도 바스크어 낱말 하나 떠오르지 않는다.

　바스크어에 관심을 가진 것은 이 계통 불명의 불가사의한 언어에 능격이 있기 때문이었다. 능격이란 무엇인가. 몇 차례 설명했지만 여전히 꽤 어렵다. 언어학 사전의 정의에 따르면 능격이란 타동사문에서 행위의 주체를 나타내는 형태인데, 이러한 능격이 있는 언어의 경우 행위의 목적 대상은 자동사문에서 행위의 주체, 즉 주격과 같은 형태를 띤다. 그럼 아시겠는가. 당시 나에게는 도무지 종잡을 수 없는 소리였다. 이럴 때는 실제로 공부해 보는 것이 제격이다. 그렇게 생각하고 수업에 출석했지만, 반년으로는 능격을 파악할 수 없었다.

바스크어의 매력은 능격 구문만이 아니다. 사용 인구는 스페인 쪽에서 약 60만 명, 프랑스 쪽에서 약 10만 명으로 아주 작은 언어인데, 세계로 흩어진 바스크인 가운데 경제적으로 성공한 사람이 적지 않아 그 기부금으로 여름 바스크어 강좌가 열린다고 들었다. 공부할 여건은 갖추어져 있다. 게다가 바스크는 미식가 기질이 있는 고장이다. 언어 말고도 재밌을 것 같지 않은가?

완전히 잊어버린 바스크어이지만 거기에 까먹은 시간이 쓸데없었다고는 조금도 생각하지 않는다. 외국어는 그저 조금 맛보는 것만으로도 여러 가지 계기를 만들어 주기 마련이다.

구소련 시절과 달리 지금은 러시아연방 내 각 민족어 교재도 풍부해졌다.

히사미토지노바의 『바시키르어』는 부제가 '집중 강좌'다. 이 책의 머리말에 따르면 러시아연방 바시키르 공화국은 러시아어와 바시키르어가 공용어임에도 바시키르어는 별로 사용하지 않는데 그 원인이 교재 부족이라고 한다. 지금까지 바시키르어 교재는 문법 규칙과 낱말을 조각조각 모아 놓은 것이 전부였다. 그래서 커뮤니케이션 중심의 입문서를 만들었는데, 그 책이 바로 『바시키르어』다. 포부는 크다.

펄럭펄럭 넘기면 처음에 아주 간단한 도입부가 있고 제2과부터는 예문이 무더기로 나온다. 그것도 오로지 바시키르어와 이에 대응하는 러시아어가 나란히 있을 뿐이다. 문법 설명은 전혀 없다. 문법 중심주의를 비판하는 입장이라고는 하지만 과연 이것으로 바시키르어를 배울 수 있을까.

이 교재의 고마운 점은 부록 CD가 있다는 것이다. 이 또한 구소련 시절에는 생각조차 할 수 없는 일이었다. 바로 들어 본다.

수록된 내용은 예문뿐이다. 남자와 여자 목소리로 마냥 읽는다. 바시키르어를 읽은 다음 러시아어를 읽는다. 분담하지 않고 혼자 두 언어를 읽느라 바쁘다. 속도도 빠르고, 게다가 책에는 낭독 위치 표시가 없는데 도중에 끊어서 어디를 읽는지 가끔 알 수 없게 된다.

두 언어 모두 키릴문자를 사용하기 때문에 더더욱 어느 언어인지 헷갈린다. 바시키르어로 '이것'을 '블'6ыл이라 하는데, 러시아어 계사 '이다'의 과거형인 '였다'라는 뜻의 '빌'6ыл과 철자가 같아 순간 혼란스럽다. "이것은 펑크입니다" 또는 "이것은 해커입니다" 같은 예문은 도대체 무엇을 위한 것일까.

아니, 그 전에 자세히 보면 러시아어 구두법이 이상하다. 불필요한 곳에 줄표가 들어가 있다. CD만 해도 남자 목소리로 여자가 주어인 예문을 읽곤 한다. 그래도 괜찮을까. 그러나 이상하게도 잘 이해할 수 있다. 튀르크계 바시키르어와 슬라브계 러시아어는 언어 구조도 전혀 다른데 많은 예문을 들으며 글자를 보다 보면 왠지 윤곽이 잡힌다.

바시키르어 교육은 여기까지 왔는가?

버마어*

야자키 겐구로라는 언어학자가 있었다. 내가 직접 배운 적은 없지만 특별히 '선생님'이라고 부르고 싶은데, 대학원 시절 지도교수였던 구리하라 시게오 선생의 은사이기 때문이다. 구리하라 선생님은 도쿄교육대학에서 야자키 선생님에게 언어학을 배웠다고 한다. 야자키 선생님의 아들은 현재 배우로 활약 중이다.

　야자키 선생님은 오래전에 돌아가셨지만, 그 이름은 지금도 서점에서 가끔 볼 수 있다. 일단 뭐니 뭐니 해도 많은 게 동화 번역이다. 에드몬도 데아미치스나 카를로 콜로디처럼 이탈리아어 번역 작품도 있고, 안데르센이나 입센처럼 북유럽의 여러 언어를 옮긴 책도 있다. 그것만으로도 나는 눈을 뗄 수 없다. 이탈리아와 북유럽이라니 얼마나 훌륭하고 희귀한 조합인가. 물론 언어학 관련 저작도 있는데 그중에서도 이와나미 신서의 『일본의 외래어』는 이미 절판되었지만 헌책방 등에서 흔히 볼 수 있다.

　바로 이 야자키 선생님이 버마어를 가르쳤다는 사실을 얼마 전에야 들었다. 자세히 알고 싶어서 찾아봤는데

---

* 미얀마의 공용어. 영어와 일본어에서도 국명은 '미얀마'로, 언어명은 '버마어'로 칭하며 최근엔 '미얀마어'로 부르는 경우도 많다.

잘 모르겠다. 그저 전쟁 전에 오사카외국어대학의 전신에서 버마어를 가르친 단 한 명의 전임교수였던 것 같다.

어째서 버마어일까.

유일하게 발견한 저작이 게이오기주쿠대학 어학연구소에서 펴낸 『세계의 말 ─ 무엇을 배워야 하는가』다. 이는 니시와키 준자부로가 주도해 1943년에 발행한 것인데, 전 세계 30개 언어를 소개하는 이 책에서 야자키 선생님이 「버마어」를 집필했다.

겨우 11페이지의 짧은 소개이지만 정리가 잘되어 있다. 우선 그때까지의 통설이었던 중국어에 가까운 고립어 유형이라는 점에 의문을 던진다. 나아가 격조사 용법을 설명하고 형용사의 어순을 새롭게 고찰한다. 당시로서는 상당히 획기적인 해석이었을 것이다. 다만 그 밖의 저술은 『세계 언어 개설』에 실린 기술을 제외하고는 거의 찾지 못했고, 게다가 나 자신이 버마어를 모르기 때문에 탐색은 여기서 막히고 말았다.

진짜 언어학자는 세계의 여러 언어를 두루두루 살펴본다. 이탈리아와 북유럽을 비롯한 유럽어뿐 아니라 버마어를 가르칠 정도로 지식을 갖췄던 야자키 겐구로 선생님은 대체 언어를 통해 세상을 어떻게 바라보았을까.

명칭이 재미있다는 이유만으로 리스트에 올린 언어라서 아무런 지식이 없다. 언제나처럼 어찌할 바를 몰라 책을 읽고 알아보기로 한다.

　　우선 놀란 점이 베르베르어는 언어명이 아니라는 것이다. 아프로아시아어족에 속하는 하나의 어파 이름이다. 아프로아시아어족은 예전에 함셈어족이라고 불렸는데, 어쨌든 아랍어나 히브리어와 같은 계통이라는 뜻이다. 어파라면 여기서 거론하기에 적합하지 않을 것 같아 문득 불안해진다.

　　베르베르어파는 실하어, 타마지그트어, 리프어, 카빌레어, 투아레그어, 제나가어 등으로 서북 아프리카의 알제리, 니제르, 모로코 등지에 흩어져 있다. 따라서 표준 베르베르어라는 것도 존재하지 않는다. 이런, 어쩐지 복잡해졌다.

　　일부는 독자적인 문자가 있다고 하니 주목할 만하다. 사하라사막 한복판에서 사용하는 투아레그어에는 티피나그라는 문자가 있다고 한다. 재밌을 것 같다. 다만 이 문자는 귀족계급이 사용하며, 게다가 여성 중 일부가 비공식적으로 쓴다고 하니 상당히 제한적이다. 그런데 왜 여성이 쓸까? 인쇄문자도 있는 것 같다.

더 자세히 알고 싶다면 각 언어의 개설을 읽는 수밖에 없다. 프랑스어 문헌이 많고 마그레브 아랍어 지식이 필요하다고 한다. 나는 엄두가 나지 않을 것 같다. 여러 언어를 구사하고 마그레브 문학이 전공인 젊은 친구의 얼굴이 떠오른다.

이 지방 음식으로 쿠스쿠스가 널리 알려져 있다. 이것이라면 익숙하다. 곡식을 잘게 갈아서 만드는 작은 알갱이 모양의 파스타 종류이며 스튜를 끼얹어 먹는다. 프랑스를 통해 유명해져 나도 집에서 가끔 만들어 먹는다. 베르베르라든가 쿠스쿠스 같은 반복되는 소리가 왠지 귀엽게 느껴진다.

하지만 베르베르인이 걸어온 길은 귀여움과는 거리가 멀다. 고대 로마 이래로 역사에 종종 등장하는 베르베르인은 이민족과 싸워 왔다. 그 언어도 과거에는 북아프리카에서 널리 쓰였던 것 같다. 그래서인지 베르베르어파 언어 사이에는 차이가 적다는 의견도 있다.

비록 차이는 적더라도 현대 베르베르어가 어파임을 또다시 확인해 두고 싶다.

처음 대학에 입학했을 때 사학과 소속이었는데, 당시 무슨 변덕이었는지 '베트남 기독교 포교사'라는 아주 특이한 강의를 청강했다. 수강생도 당연히 적어서 나를 포함해 다섯 명밖에 없었다. 한 사람이 빠지면 결석률 20퍼센트였다.

자세한 내용은 전혀 기억나지 않지만 베트남의 기독교 선교에는 패턴이 있었다. 우선 태풍으로 선교사가 표착한다. 처음에는 현지 지배자에게 극진히 보호받지만 세력이 커지면 박해를 받기 시작하고 결국 추방당한다. 기억하기로는 그런 과정의 반복이었는데, 딱히 자신은 없다.

이 강의의 담당 강사는 아직 젊은 남자였다. 수업보다 자신의 베트남 체류 경험을 훨씬 더 열의에 차서 들려주었는데 나도 그게 더 재밌었다.

또 하나 특징적이었던 건 칠판에 베트남어를 자주 썼다는 점이다. 지명이나 인명은 당연하지만 그 밖에도 키워드나 주제를 베트남어로 제시했다. 수강생은 모두 이것을 베꼈는데, 나는 이 작업을 매우 좋아했다.

베트남어는 라틴문자를 사용한다. 하지만 발음이나 성조를 나타내는 부속 기호가 붙는다. 이걸 보고 흉내 내면서 익히고자 써 내려간다. d에 가로줄을 넣거나 o에 아포스트로피를 더하면 도대체 어떤 소리가 날까 상상했다.

친구인 베트남어 교사는 대학교 인도차이나학과에 입학할 때 베트남어, 태국어, 버마어 가운데 글자를 알기 쉬운 베트남어를 골랐다며 웃지만 베트남어 문자 역시 독특한 모양새가 있다. 그건 그렇고 글자가 그렇게 무서울까?

하긴 남의 일이라고만 할 수는 없다. 나에게 공포는 성조다. 베트남어는 여섯 개나 있어서 이를 잘 다룰 줄 아는 친구는 존경받아 마땅하다. 물론 그 성조 때문에 베트남어는 소리가 달콤하고 베트남어 교재 CD를 틀면 음악을 듣는 것만큼 기분이 좋다.

벨라루스어는 기묘한 언어다.

예전에 아무리 찾아도 입문서가 눈에 띄지 않았다. 개설서에는 예문이나 회화가 조금 실려 있을 뿐, 이른바 외국인용 교재가 없다니 신기했다(요즘 들어 조금씩 나온다).

더 신기한 것은 아무도 사용하지 않는다는 점이다. 벨라루스어 초급 강좌를 들으려고 벨라루스공화국의 수도 민스크에 3주 동안 머물렀다. 대학 수업은 물론 벨라루스어로 한다. 하지만 거리에 나가면 사용할 기회가 없다. 다들 러시아어를 한다. 열심히 벨라루스어로 말을 걸어 봤자 다들 차가운 시선을 던질 뿐이다.

지방으로 소풍을 가자 적게나마 벨라루스어를 하는 사람이 있었다. 벨라루스의 위대한 시인 야쿱 콜라스의 생가 박물관에서는 안내인 아주머니가 벨라루스어로 설명을 한다. 내가 벨라루스어를 몇 마디 하자 미소를 띠며 기뻐한다.

근데 가만 보니 안내인 아주머니가 쓰는 벨라루스어는 수업에서 배운 것과 많이 다르다. 지방 사투리일까. 그럼 표준 벨라루스어는 도대체 누가 어디서 쓰는 건가?

여러 조사 중에 알게 된 사실은 벨라루스 사람은 러시아어와 벨라루스어가 혼합된 혼성 언어를 사용한다는 것이다. 이 혼성 언어를 트라샨카라고 한다. 원래는 짚에 건초를 섞어 가축이 먹기 좋게 만든 사료를 일컫는데 벨라루스어와 러시아어가 섞인 언어에 자조적으로 이런 이름을 붙인 것이다. 어쨌든 이 정도면 러시아어 방언이라고 할 수도 있고 벨라루스어 방언이라고 할 수도 있다. 정치적으로 불안정한 이 지역에 안성맞춤이고, 정세에 따라 형편이 좋은 쪽을 모어라고 주장할 수 있는, 귀에 걸면 귀걸이 코에 걸면 코걸이 언어인 것이다.

그런 벨라루스어 어휘집을 출판한 적이 있다. 대화는 차치하고라도 읽기는 필요하다고 생각했기 때문이다. 어떤 언어든 독해력이 있으면 새로운 정보를 얻을 수 있다.

나는 이런 묘한 벨라루스어로 조용히 독서하는 게 좋다.

와타나베 쇼코의 『외국어 배우는 법』은 이와나미 신서로 1962년에 출판되었고, 그 후에도 오랫동안 판을 거듭하며 외국어 학습론의 선구자 역할을 했다. 내용은 대부분 영어 학습에 관한 것인데, 마지막 장은 '제2외국어'를 다룬다. 다언어에 관심이 있었던 나는 물론 이 부분을 열심히 읽었다.

그중에서 벵골어를 다룬 대목이 인상에 남는다.

몇 해 전 인도로 돌아간 벵골인 부부가 언젠가 두세 살쯤 된 여자아이 둘과 우리 집에 왔을 때 제가 벵골어로 응대를 했더니 그런 일본인이 거의 없었기 때문인지 여자아이가 입을 모아 "아미 토마케 발로바시"(나는 당신이 좋아요)라고 말하는 것입니다. 무릇 여성에게서 사랑 고백을 받고 이만큼 기쁜 적은 없었습니다.

즉 저자는 벵골어를 할 줄 아는 것이다. 전문 분야가 불교와 인도철학이라지만 거기까지 공부했다니 역시 훌륭하다.

언어학 수업에서 사용하려고 세계 언어 인구 등을 조사해 보니 벵골어는 순위가 반드시 10위 안에 들었다. 인도 서벵골주의 공용어 가운데 하나이자 방글라데시의 공용어로, 이 나라도 인구가 무척 많다. 많은 인구가 사용하는 언어를 좋아하는 사람에게 추천한다. 더욱이 시인 타고르는 벵골어로 시를 지었으니 문학 전통으로 보아도 더할 나위 없다.

방글라데시는 한때 동파키스탄이었다. 그 당시에 우르두어 정책이 추진되면서 벵골어를 아랍문자로 표기하려 했는데 잘되지는 않았다. 이런 언어 문제가 계기가 되어 파키스탄으로부터 분리독립을 했다고도 한다.

공부할 생각이라면 『CD 익스프레스 벵골어』를 추천한다. 이런 교재가 갖추어지기 시작한 것도 최근이다. 편리해졌다. 하지만 벵골어 학습자가 비약적으로 늘었다고 볼 수는 없다.

벵골어를 할 수 있다면 두세 살짜리 벵골 여자아이에게 인기를 얻을 가능성이 지금도 높아 보인다.

30

불가리아어

불가리아가 너무 좋다. 여행하는 데 그만큼 즐거운 나라는 없다. 음식은 맛있고 책은 싸고 게다가 말도 어쩐지 통한다.

그렇지만 불가리아어를 제대로 하는 것은 아니다. 그러기는커녕 제대로 공부한 적도 없다. 입문서나 문법책을 조금 들춰 보았을 뿐이다. 그래도 러시아어를 비롯한 슬라브어 지식이 있으면 대체로 알아듣는다. 제대로 학습하지 않아서 편하고 대담해질 수 있다.

그래도 현지에 가면 언어학자로서 불가리아어를 유심히 관찰하는 노력을 게을리하지 않는다. 예를 들어 레스토랑에 들어간다. 메뉴를 해독하고 올바르게 주문하고 식사를 끝내고 계산을 부탁하는데, 막상 뭐라고 말해야 할지 모르겠다. 손짓 발짓으로 어떻게든 되겠지만, 이건 불가리아어로 전하고 싶다. 사전을 찾아보니 계산서가 '스메트카'다. 그래서 웨이터에게 말하자 웨이터가 조금 생각하더니 이렇게 말한다. "스메트카타!"

마지막에 붙은 '타'ta는 불가리아어의 한정사다. 이 한정사는 후치 정관사라고도 불리며 발칸언어연합(맛보기 7 참조)에서 공통적으로 볼 수 있는 현상이다. 내가 방금 먹은 음식의 이름과 그 가격이 기재된 계산서는 세계에서 한 장으로 한정되어 있다. 영어라면 the가 앞에 오겠지만 불가리아어는 명사의 성(맛보기 5 참조)에 유념하면서 접사 비슷한 이런 짧은 정관사를 뒤에 붙인다. 문법책 그대로임을 재확인하고 감동한다.

그런데 아무리 음식이 맛있어도 매일 레스토랑에서 먹으니 속이 더부룩하다. 그래서 호텔 근처 편의점에서 간단한 음식과 와인을 사서 방에서 때우는 일도 많아진다. 불가리아는 편의점도 음식이 맛있다.

호텔 인근 편의점 안쪽에 델리 코너가 있어 파이나 샐러드를 점원에게 직접 주문해서 살 수 있다. 내가 좋아하는 것은 사르마라는 불가리아식 양배추말이다. 익힌 지식을 응용해 대담하게 주문한다.

"사르마타."

……어라?*

<hr>

* 남자 하의 속옷을 일컫는 일본어 '사루마타'와 발음이 비슷하다.

31

사미어

영화 『뻐꾸기』의 무대는 제2차 세계대전 말기 라플란드다. 전쟁을 거부해 동료들한테 사슬에 묶인 채 버려진 핀란드 병사, 밀고 때문에 배신자 취급을 받고 호송되다 폭격을 당해 다친 러시아 장교, 그 둘을 사미족 여성이 구해 준다. 여인의 오두막에서 공동생활을 시작하면서 묘한 인간관계가 형성된다.

이 영화는 서로 언어가 통하지 않아 낭패를 볼 수밖에 없는 상황을 주제로 삼는다. 핀란드어, 러시아어, 사미어 화자는 서로의 말을 전혀 알아듣지 못한다. 말이 안 통해서 생기는 오해와 애정이 복잡하게 교차한다.

러시아어야 그렇다 쳐도 핀란드어와 사미어는 모두 우랄어족이라 서로 조금은 통하지 않을까 싶었지만, 조사해 보니 두 언어는 서로 의사소통이 되지 않는다고 분명히 쓰여 있었다. 언어계통론에만 기대서 의사소통이 되리라고 믿는 것은 역시 위험하다.

현재 사미족은 핀란드뿐 아니라 노르웨이, 스웨덴, 심지어 러시아 일부에까지 퍼져 있다. 북유럽 나라에서 사미족의 권리가 커졌고 핀란드에서는 사미어가 공용어로 인정받았다. 사미어 인구는 모든 나라를 합쳐도 수만 명에 불과하다. 그런 작은 언어를 제대로 지켜 나가기란 쉬운 일이 아닐 것이다.

사미어가 안고 있는 또 다른 문제는 그 작은 언어 내의 방언 차이가 심한 데다 노르웨이, 스웨덴, 핀란드, 러시아 네 나라로 나뉘어 있다는 점이다. 그럼에도 국영 라디오에서 하는 사미어 기초 강좌의 교재를 북유럽 3국이 공동으로 개발하고 있다고 한다. 그러고 보니 헬싱키의 서점에서도 사미어 교재를 본 것 같다. 사 둘 걸 그랬다.

일본에도 사미어 문법책이 있다. 요시다 긴고의 『사미어의 기초』다. 최근에는 여러 가지 알찬 어학 교재가 생겨서 정말로 놀랍다.

작은 언어를 지키려면 돈이 많이 든다. 시간도 많이 걸린다. 게다가 많은 사람의 이해도 필요하다. 자기가 한 푼이라도 손해를 볼 것 같으면 싫어하면서 제멋대로 아무 말이나 하는 요즘 여론으로는 도저히 잘해 나가기가 어렵다.

이 언어는 '산스크리트'처럼 '어'를 붙이지 않는 표기도 볼 수 있다. 원래 산스크리트란 '완성된 언어' 혹은 '순수하고 올바른 언어'라는 뜻이다. 범어梵語라고도 하는데 이는 인도의 브라만, 즉 범천梵天이 만든 언어라는 전설에서 유래했다고 한다. 하지만 '어'를 붙이면 안 되는 결정적인 이유는 잘 모르겠다. 어쩌면 부정확할지 모르지만 여기서는 '산스크리트어'로 통일한다.

산스크리트어는 두 가지 의미로 중요한 언어다.

일단 불교 언어로서 그렇다. 묘비 뒤에 세워진 스투파에도 있듯이 산스크리트어는 절과 깊은 관계가 있다. 일본 대학에서도 불교학과가 있는 곳에서는 산스크리트어를 가르친다.

또 하나는 언어학의 언어로서 그렇다. 비교언어학의 초석을 놓은 윌리엄 존스는 인도에 부임해 산스크리트어를 만난다. 그가 대단한 이유는 산스크리트어와 그리스어, 라틴어를 직접적으로 연결시키지 않고 잃어버린 언어에서 비롯했다고 생각했기 때문이다. 덕분에 산스크리트어는 인도유럽어족을 연구하는 데 필수인 언어가 됐다. 나에게는 이쪽이 특히 중요하다.

산스크리트어는 데바나가리문자를 사용한다. 따지고 보면, 인도유럽어족 비교언어학을 본격적으로 배우려면 여러 글자를 알아야 한다. 가끔 라틴문자로 전사해 설명한 산스크리트어 문법을 보면 역시 인도유럽어족의 딴 언어들과 비슷하다고 느낀다. 하지만 사실 데바나가리문자로 읽어야지, 이렇게 게으름을 피우면 안 되리라.

그렇다고 해도 산스크리트어는 본래 인도의 언어임을 새겨 둬야 한다. 다언어 국가 인도의 여러 공용어 가운데 하나다. 어라, 산스크리트어는 고전어가 아닌가 하는 의문을 갖는 사람이 많을 텐데, 나도 그렇게 생각했다. 하지만 통계에 따르면 현대에도 3000명 가까운 인도인이 이 언어를 '가정에서 일상적으로 사용'한다!

도대체 어떤 일상 혹은 가정일까.

"저기 선생님, 상하이어 공부를 시작하신 건가요?"

내 일터를 찾은 미운 씨는 책장에서 상하이어 입문서가 눈에 띄자 재미있다는 듯 웃었다. 표준 중국어도 못하는데 무슨 바람이 불어서 그러느냐는 표정이다.

"아니요, 자료로 아무거나 사 두거든요."

"그렇습니까. 그럼 그 입문서 좀 보여 주세요." 상하이 출신인 그녀는 일본 대학에서 일본어를 전공하고 몇 해 전 일본으로 귀화했다. 일본어가 모어라고 오해받을 만큼 유창하다 보니, 중국어 건배사를 일본인이 들으면 틀림없이 외국어로 익혔다고 착각해도 이상할 게 없다.

그런데 『뉴 익스프레스 상하이어』의 텍스트를 낭독하는 소리를 들으니 역시 중국어와 울림이 달랐다.

"아 그렇군요. 입문서에는 글자를 이렇게 적는군요."

상하이어는 중국어 방언 가운데 하나다. 2000만 명이 넘는 화자 인구가 있어도 글말로는 원어민에게조차 생소한 모양이다.

하지만 상하이어도 입말만 있지는 않은 듯하고, 표준어에서 볼 수 없는 한자가 있으며, 단어에 따라 '문어음'과 '구어음'이 달라서 예컨대 같은 '人'이라도 인민人民에서는 '젠'으로, 소인小人에서는 '닌'으로 발음된다고 한다. 보통화도 모르는 나는 상상도 안 된다.

"선생님, 이 로마자는 뭐예요?"

상하이어 텍스트에는 한자에 더해 가나와 로마자 표기가 곁들여져 있었다. "글쎄, 분명 병음 아닐까요?"

"그런데 이런 로마자는 본 적이 없어요."

미운 씨는 한자와 로마자를 응시하며 생각에 잠겼다. 알고 보니 그 로마자는 입문서용으로 저자가 고안한 것이었다. 그 구조는 설명을 읽지 않으면 설사 상하이 사람이라도 알 수 없다.

"저는 일본어 가나를 더 잘 압니다."

가나에 의지해 즐거운 듯이 발음했는데, 상하이 사람이 일본어의 가나 표기를 보면서 자신의 언어를 확인하다니, 참으로 신기한 광경이었다.

1985년에 옛 유고슬라비아의 수도였던 베오그라드에 갔다. 도쿄의 외국어 강좌에서 세르비아어를 배우기 시작한 지 아직 1년도 채 되지 않은 때였다. 그걸 무릅쓰고 용감하게도 홀로 여행을 떠난 것이다.

아테네에서 열차를 타고 24시간을 달려 겨우 도착한 베오그라드는 공교롭게도 일요일 오후였다. 역 안내소에서 숙소를 소개받고 싶었는데 아니나 다를까 닫혀 있었다. 어쩔 수 없이 큰 배낭을 메고 번화가 한복판을 목표로 터벅터벅 걷기 시작했다. 큰 광장을 지나가다 거기에 서 있는 할아버지와 할머니 네댓 명이 작은 소리로 나를 부르는 것을 알아챘다. "소바, 소바."

일본어가 아니다. 세르비아어 '소바'soba는 '방'이라는 뜻이다. 숙소를 소개해 주려는 것이었다. 드디어 위기를 면했다. 얼른 어느 할머니와 협상하고 그분 집에 아주 저렴한 가격으로 숙박하는 행운을 얻었다. 이유는 "당신은 세르비아어를 할 줄 아니까 마음이 놓인다"였다.

그렇다고는 해도 채 1년도 안 된 나의 세르비아어

실력으로 뭐든지 말할 수 있는 것은 아니었다.

이튿날 시내로 나가려는데 할머니가 불러 세웠다. "몇 시에 돌아오나요?" 현관 열쇠가 공통이라 할머니도 문단속이 걱정됐을 거다. 나도 딱히 늦게 돌아올 생각은 없었는데 왠지 반사적으로 '페트'pet라고 대답해 버렸다. '페트'는 숫자 5로, 즉 다섯 시에 온다는 말이다. 조금 이르기는 하지만 그보다 큰 숫자가 갑자기 떠오르지 않았던 것이다. 할머니는 기분 좋게 나를 배웅했다.

약속을 했으니 다섯 시 통금 시간을 지켜야 했다. 온종일 거리를 누비다가 돌아오는 길에 작은 꽃다발을 무심결에 사서 마중 나온 할머니에게 선물로 드렸다. 할머니의 기쁨은 조금 과장돼 보이기까지 했다.

내 방으로 돌아와 사 온 책을 들여다보고 있는데 할머니가 노크했다. "주스라도 마실래요?" 거참 친절하시다. 주스를 마시며 할머니가 묻는 대로 베오그라드의 인상을 이야기했다. 세르비아어 연습이 돼서 기뻤다.

다시 방으로 돌아왔는데 잠시 후 다시 노크 소리가 들렸다. "케이크 좀 구웠는데."

이렇게 나는 세르비아어+꽃다발의 효과가 더없이 크다는 것을 배웠다.

소르브어는 아주 작은 언어다. 슬라브어 계통인데도 러시아어 교사조차 모르는 경우가 많을 만큼 마이너 언어다.

우선 이 언어가 통하는 지역의 면적이 상당히 작다. 독일과 체코와 폴란드의 국경 부근에서 쥐 죽은 듯이 사용될 뿐이다.

게다가 사용 인구도 점점 줄어들고 있다. 1950년대에 15만 명이었는데 지금은 8만 명 아니 5만 명 정도다. 새로운 통계가 나올 때마다 그 수가 적어진다.

소르브어 화자는 모두 독일어도 하는 이중언어 사용자다. 소르브어만 하는 사람은 이제 없다. 사전도 문법서도 교재도 대부분 독일어로 쓰여 있다. 2년에 한 번 소르브의 중심 도시 바우첸(소르브어로 부디신)에서 소르브어 세미나가 열린다. 하지만 여기에서도 공통어는 독일어다.

그런 작은 소르브어인데 표준 문장어가 두 종류나 된다. 하나는 고지 소르브어, 다른 하나는 저지 소르브어다. 위아래를 나누는 기준은 소르브어 화자가 분포하는 슈프레강 유역이며 남쪽이 위, 북쪽이 아래가 된다. 언어는 다양할수록 매력적인 세계가 넓어지지만 번거로운 것 또한 사실이다.

1993년 바우첸을 방문했을 때 현지 소르브어 전문 서점에서 어린이잡지를 발견했다. 같은 달 같은 호에 내용도 표지 디자인도 같은 잡지가 고지판과 저지판으로 출간되었다. 둘 다 탐나서 소르브어 문법책과 사전 등을 대량으로 사면서 이 잡지도 함께 사서 호텔로 돌아와 읽고 비교해 보았다.

고지 소르브어는 체코어, 저지 소르브어는 폴란드어와 비슷하다는 인상을 받았다. 한쪽만 읽으면 잘 모르겠지만 양쪽을 읽고 비교하며 한참을 생각하면 왠지 이해가 간다. 역시 슬라브어는 신기하다.

길거리에서는 독일어만 들릴 뿐이다. 소르브어 전문 서점에 들어온 아이가 "구텐 타크"(안녕하세요)라고 독일어로 인사하는 것을 보고 앞으로 힘들지 않을까 염려가 들어 그와 관련한 글을 쓰기도 했다. 그러나 이제는 인터넷에서 소르브어 TV 방송도 볼 수 있다. 앞일은 아무도 모른다.

그림 법칙

'그림'이란 그 유명한 '그림 동화'의 그림이다. 다만 독일 민화를 수집한 형제 중 이 법칙을 이끌어 낸 사람은 형 야코프 그림이다.

아무것도 모르는 사람이 '그림 법칙'이라는 말을 듣는다면 대체 무엇을 상상할까.

"늑대는 반드시 악역이다."

"형제 중 막내아들은 반드시 마지막에 성공한다."

"여자 주인공에게는 반드시 왕자님이 나타난다."

이런 식의 옛날이야기 분위기가 풍기는 인생 가르침과는 전혀 상관이 없다. 애당초 야코프 그림은 설화 모으기를 취미로 삼은 아저씨가 아니었다. 독일어 문법과 독일어 사전을 편찬한 언어학자다. 그런 그의 이름을 딴 이 법칙은 당연히 언어학과 관계가 있다.

그림 법칙은 인도유럽어 비교언어학에서 중요한 음운 대응이다. 더구나 언어학을 조금이라도 맛본다면 반드시 어디선가 만나게 될 정도로 유명하다. 그림 법칙 중 인도유럽조어와 게르만조어 사이에 나타나는 대응을 제1차 자음 추이라고 한다. 일반적으로 인도유럽조어는 라틴어, 게르만조어는 영어 등을 대표로 삼아 살짝 억지스럽지만 간단하게 설명한다.

이에 따르면 예컨대 라틴어의 pater가 영어의 father에 대응하므로 라틴어의 p는 영어의 f에 대응함을 알 수 있다. 생각해 보면 정확하게는 문자의 대응이고 그것을 그림 자신도 알았지만 언어학 세계에서는 이를 관례적으로 음운이라고 생각한다. 표음문자를 쓰다 보니 왕왕 문자와 소리를 구별하지 않는다. 어쨌든 이러한 절차로 말끔한 표를 정리해 가는 것이다.

그리고 고지독일어와 게르만 제어 사이에 보이는 대응은 제2차 자음 추이라고 하는데, 아무튼 이 정도로 해 두겠다.

그림 법칙은 제1차 자음 추이든 제2차 자음 추이든 간에 세계 언어 중에서 극히 일부에만 통용된다. 그러나 예전에 언어학은 유럽 이외 지역에는 관심이 적었고, 다른 한편으로 비교언어학이 너무나 훌륭한 성과를 거두면서 일반 언어학의 보편적 지식처럼 받아들이게 되었다.

이처럼 깔끔한 음운 대응은 고지식한 사람일수록 마음을 뺏기는 경향이 있다. 하지만 과신은 금물이다. 언어의 변화라는 복잡한 과정이 그림 법칙과 같은 '아름다운' 음운변화만으로 다 설명될 순 없다.

그런데 곤란하게도 비슷한 법칙이 모든 언어에 있을 거라

믿고 다른 언어 연구에서도 기묘한 음운 대응을 만들어 내려는 사람이 있다. 이렇게까지 영향을 미치다니 그림 스스로도 틀림없이 놀랄 것이다.

언어학도 과학의 한 분야이기 때문에 여러 법칙이 있지만 신기하게도 사람의 이름을 딴 법칙은 거의 없다. 이과에는 플레밍의 법칙이라든가 보일·샤를의 법칙처럼 나같이 이과에 깜깜한 인간도 명칭만은 아는 법칙이 얼마든지 있다. 하지만 언어학에는 그림 법칙 외에 이를 수정한 베르너의 법칙 정도가 전부다. 소쉬르든 촘스키든 그 이름을 붙인 법칙은 들어 본 적이 없다. 문과 학자도 이과 학자만큼이나 자기현시욕이 강한데 어찌 된 일일까.

그렇다면 억지로 만들어 볼까? 예를 들면 '소쉬르의 법칙'이다. 유명한 『일반언어학 강의』는 소쉬르 자신이 정리한 것이 아니라 제네바대학에서 강의를 들었던 제자들의 노트를 바탕으로 재현한 것이다.

그래서 "뛰어난 학자는 저작을 남기지 않아도 제자가 정리해 준다"는 법칙이 생겨난다. 수업을 하고 월급을 받는 데다 실적까지 늘어나니 참 좋은 팔자 아닌가. 이것이 보편화된다면 언어학은 앞으로 엄청난 전개를 보일지도 모른다.

하지만 그런 사례는 분명 지금까지도 그렇고 앞으로도

소쉬르뿐일 것이다. 적어도 나에게는 전혀 들어맞지 않는다.

그래서 오늘도 스스로 부지런히 원고를 쓴다.

명사의 성性

유럽어는 명사에 성이 있어 남성명사 혹은 여성명사라고 한다.
그러나 자연계의 성sex과 문법상의 성gender은 다르다. 이를
헷갈리면 외국어 학습이 어려워진다.

문법상의 성은 단순한 '약속'이다. 프랑스어라면 남성에 le,
여성에 la라는 정관사가 붙는 것에 불과하다. 이 구분에 따라
형용사나 대명사가 정해진다. 뭐 그룹에 따라 나누는 것이라고
생각하면 된다.

그런데 많은 사람이 명사가 남성이나 여성이라고 들으면
아무래도 자연계의 성을 떠올려 거기서 벗어나지 못한다.
"어째서 프랑스어 '수염'은 여성명사야? 프랑스 여자는
수염이라도 나나? 독일어 '소녀'는 중성명사라는데 대체 어떻게
된 거야! 도대체 중성은 뭐야?"

이렇게 말꼬리를 잡는 농담을 하도 많이 들어서
지긋지긋하다.

그렇지만 비유 표현에서는 자연계의 성과 문법상의
성이 연결된다. 신화나 옛날이야기 등에서도 그렇고, 인간은

태곳적부터 남녀 이야기만 들으면 두근두근하는 것 같다.
그런 것을 명사의 문법적 성에 결부시켜 즐겁다는 듯이 말하는
사람도 있는데, 질리는 건 어쩔 수 없다.

요즘 일본에서도 대중적인 과일 망고. 망고를 스와힐리어로 '엠베'라고 한다. 내가 아는 유일한 스와힐리어라고 할 수 있다.

망고는 어느 언어로나 '망고'인 줄 알았다. 어떤 외국어 학습 CD 시리즈가 있기에 몇 가지 내용을 들여다봤는데 이상하게도 어느 언어에나 망고가 등장한다. 게다가 유럽어는 대부분 '망고'를 대신할 만한 표현이 없다. 그렇다면 왜 굳이 외울 필요가 있을까. 이상하게 생각하다가 CD 시리즈가 아닌 다른 곳에서 우연히 '엠베'를 마주쳤다.

계기는 다케무라 게이코가 쓴 『스와힐리어의 구조』다. 이 '말의 얼개' 시리즈는 이른바 입문서와 달리 전체상을 대략적으로 파악하고자 할 때 통독할 만한 개설서다. 이 책에서 수식어와 피수식어의 관계를 설명하는 데 쓰였던 것이 '망고'다. '큰 망고, 작은 망고, 네 망고, 내 망고' 등인데, 스와힐리어는 수식어가 뒤에 붙기 때문에 각각 '엠베 쿠봐, 엠베 은도고, 엠베 라코, 엠베 랑구'가 된다. 어쨌든 '엠베'는 자연스럽게 외워진다.

원래 스와힐리어는 여러 유럽어와 발상이 많이 달라 세계 언어의 문법을 따질 때 피해 갈 수 없다. 어미가 아니라 어두가 변화하는 것만으로도 놀라운데, 그 변화하는 부분이 명사 부류마다 다르다. 명사 부류가 무엇인지 자세히 알고 싶다면 앞서 언급한 책을 참고하면 된다.

역사를 거슬러 올라가면 반투 제어를 쓰는 사람들이 살던 동아프리카에 아라비아 상인이 배를 타고 왔는데, 그 결과 아랍어의 영향을 받아 점점 형성된 것이 스와힐리어다. 다시 말해 크레올, 즉 혼성 언어다. 참고로 '스와힐리'는 '해안'을 뜻하는 아랍어에서 유래한 듯하다.

그런데 망고의 원산지는 동남아시아로 인도에서는 6000년 전부터 재배되었다고 한다. 동아프리카와는 직접 관련이 없지만 우리 집에서는 '엠베'가 완전히 자리를 잡았다. 이는 크레올화의 시작일까.

스웨덴에는 특히 좋은 이미지를 갖고 있다. 이는 어린 시절 스웨덴의 아동문학을 애독했던 데서 원인을 찾을 수 있다. 특히 아스트리드 린드그렌의 작품이 마음에 들었는데, 일본에서는 『말괄량이 삐삐』가 유명하지만 나는 『지붕 위의 칼손』을 좋아한다. 이야기도 재미있지만 구소련과 동유럽권에서 인기 있는 점이 특히 주목하는 이유이기도 하다.

인터넷을 통해 해외 헌책방에서 이 작품의 스웨덴어 원서를 샀다. 원제는 '릴레브로르 오 칼손 포 타케트'다. 스웨덴어로 쓰면 'Lillebror och Karlsson på taket'가 된다. a 위에 작은 동그라미가 붙은 글자가 너무 예쁘장해 보인다. 하기야 이 문자는 스웨덴어뿐만 아니라 덴마크어나 노르웨이어에서도 쓰기는 하지만.

나는 스웨덴어를 모르지만 어쨌든 이 원서를 '읽는다'. 줄거리는 아니까 왠지 모르게 읽을 수 있지 않을까 기대한다. 흔히 북게르만어는 독일어와 비슷해서 얼추 짐작이 된다지만 그것은 독일어를 잘하는 사람에 한한 듯하고 내 수준으로는 감당하기 어렵다. 그래도 바라보고만 있어도 즐겁다.

　요코야마 다미지와 야마자키 요코의『표준 스웨덴어 회화』는 같은 시리즈인 러시아어와 폴란드어 교재를 익히 잘 아는 나에게 매우 친숙하다. 특히 앞부분에 실린 문법 개설은 전체를 파악하기에 알맞다. 그래서 더듬더듬 읽어 본다.

　스웨덴어에서 재미있는 것은 통성명사다. 남성명사와 여성명사의 구별이 없어진 결과로 생겨난 새로운 범주다. 더욱이 한정성, 즉 영어의 the에 해당하는 '그'를 나타낼 때에는 성과 수에 따라 접미사를 이용한다고 한다. 뭐야, 독일어랑 상당히 다르잖아.

　그래도 어휘는 독일어와 비슷하다. 독해는 어휘가 관건이니 나에게는 불리하다. 내가 독일어를 못하는 것을 한탄하면서, 그렇다면 차라리 스웨덴어에 능통해지겠다고 해마다 다짐해 본다. 하지만 실현될 날은 아득히 멀다.

내가 여러 언어에 손을 댄다고 세간에 알려진 탓에 스페인어를 공부한 적이 없다고 하면 의외라는 반응이 돌아온다. 하지만 언어 학습은 시간이 걸리는 일이라 번번이 이 언어 저 언어를 다 파고들 수는 없다. 그렇다고 해도 사용 인구가 세계에서 손꼽히는 스페인어를 그냥 지나치는 것은 분명 좋지 않다. 그래서 미국 어린이용으로 출간된 『English-Spanish Dictionary』를 매일 조금씩 베끼며 스페인어와 친숙해지기로 했다.

처음에는 이탈리아어나 프랑스어 지식으로 짐작할 수 있겠다 싶었는데 얕잡아 본 것이다. 실은 그렇지도 않기 때문이다. 동사 활용 등에서는 비슷한 점도 있지만 다른 점이 더 눈에 띈다. 소유대명사만 보더라도 스페인어는 성과 수를 꼭 일치시키지 않는 용법도 있어서 깜짝 놀랐다.*

아무리 부지런히 베낀들 그것만으로 스페인어 실력이 늘 리 없다. 근데 뭐 재밌다. 그러다가 '?'와 '!'를 거꾸로 '¿'와 '¡'로 쓰는 것도 잘하게 됐다. 이런 표기를 사용하는 언어는 스페인어밖에 없을지도 모르겠다.

---

* 중성대명사 'lo'를 가리킨다.

스페인어에 관한 체험 두 가지.

모스크바 셰레메티예보 공항에서 출발하는 국제선을 타고 가는데 옆에 페루 여자가 앉았다. 스페인어 말고는 전혀 모르는 그에게 이탈리아어로 말을 걸었는데 완벽하게 알아들었다. 로망스어가 서로 가깝다는 것을 실감했다. 그런데 곤란하게도 나는 스페인어 대답을 조금도 알아듣지 못했다. 이래서는 대화가 캐치볼이 되지 않는다. 하지만 곁에서는 얘기를 주고받는 것처럼 보여 러시아인 승무원이 통역해 달라고까지 하는 바람에 몹시 난처했다.

또 하나는 고등학생 때 차고 다녔던 싸구려 국산 손목시계. 날짜와 요일이 표시되는데 그 요일이 모르는 언어였다. 그래서 알아보니 스페인어였던 것이다. 이유는 여태까지 알 수 없다. 수출용이었을까.

'물고기가 없으면 가재도 물고기'라는 러시아 속담이 있다. 꼭 맞는 것이 없으면 비슷한 것으로 때운다는 뜻인데, 일본 속담에서 '새 없는 고을의 박쥐'가 이에 해당한다.

내 경우엔 '슬로바키아어를 못하면 체코어로'이려나.

슬로바키아는 지금까지 두 번 방문했는데 말 때문에 곤란을 겪은 적은 없다. 다만 공부하지 않아 슬로바키아어는 아쉽게도 모른다. 그래도 체코어로 어떻게든 버틸 수 있었기에 곤란하지 않았다.

그렇다고 슬로바키아인이 체코어를 사용하는 건 아니다. 나는 체코어로, 슬로바키아인은 슬로바키아어로 각자 밀어붙이면 나름대로 커뮤니케이션이 성립된다. 그만큼 언어적으로 가깝다.

체코어와 슬로바키아어는 매우 비슷하다. 다만 그 이유가 현재 체코공화국과 슬로바키아공화국이 한때 체코슬로바키아라는 한 나라였기 때문은 아니다. 그때부터, 아니 훨씬 전부터 체코어는 체코어이고 슬로바키

아어는 슬로바키아어라서 서로 다른 언어라는 인식이
있었다.

다른 언어끼리 통하다니, 일본어처럼 형제자매가
없는 외동아이 같은 언어가 모어인 사람은 신기하다고
밖에 말할 수 없다. 그리고 아주 조금 부러워하는 것도
외동아이가 형제자매를 동경하는 모습과 비슷하다.

그런데 얼마 전에 읽은 신문 기사에 따르면 슬로바
키아어와 체코어가 서서히 멀어져 가고 있다고 한다. 슬
로바키아의 젊은 세대는 체코어를 이해하지 못한다. 체
코어로 된 책을 읽어도 감이 안 오고 TV 프로그램을 봐
도 알아듣기 어렵다고 한다.

이대로 가다가는 장차 슬로바키아에서 체코어를
밀어붙일 수 없게 될지도 모른다. 슬로바키아 사람에게
"죄송하지만, 체코어는 모릅니다. 영어로 말해 줄 수 있
습니까?"라는 말을 듣는다면 분명 서운할 것이다.

하지만 그 김에 성실하게 슬로바키아어를 공부할
마음이 들지도 모르겠다.

불과 얼마 전까지만 해도 슬로베니아어 학습은 힘들었다. 교재도 적고 영어로 된 것조차 거의 없어 독일어본이나 이탈리아어본에 의존할 수밖에 없었다. 그런데 요즘에는 일본에서도 입문서가 나오고 있다.

1990년대 중반 프라하에서 열린 체코어 여름 학기 강습 후에 아내와 둘이서 슬로베니아를 여행했다. 나는 두 번째였지만 아내는 처음이었다. 그때 나는 세르보크로아트어로 의사소통을 했다. 당시 아내는 수도 류블랴나의 대형 서점에서 슬로베니아어 교재를 샀다. 테이프도 한두 개 붙어 있고 분량도 상당한 입문 과정 교재였다. 귀국 후 아내는 날마다 이를 닦듯이 꾸준한 페이스로 교재를 들었다. 결국에는 끝까지 다 들은 것 같다.

그러고 나더니 슬로베니아 사람에게 슬로베니아어를 배우고 싶다고 말을 꺼냈다. 나는 신세 졌던 슬로베니아인 신부님과 상담하고 도쿄에 사는 슬로베니아 여성을 소개받았다. 그 이후 아내는 매주 그곳에 다니게 되었다.

한술 더 떠서 류블랴나의 슬로베니아어 강습에도

여러 차례 참여했다. 당연하지만 구사 능력이 점점 늘었다. 덕분에 같이 여행을 다니면 아내가 모두 통역해 주게 되었다.

그리고 마침내 슬로베니아어 입문서까지 출간했다. 앞서 말한 일본에서 나온 입문서가 바로 아내가 쓴 것이다.

생각해 보면 슬로베니아어는 내 전공인 슬라브어학에서도 중요한 언어다. 슬로베니아는 그동안 예르네이 코피타르, 프란츠 미클로시치, 라이코 나흐티갈 등 쟁쟁한 슬라브어 학자를 배출해 왔다. 슬로베니아어를 안다면 그들의 저작을 읽을 수 있다. 매력적인 일이다.

부러운 마음이 들어 슬로베니아어를 공부하고 싶은데 아내가 쓴 입문서를 사용하자니 뭔가 만감이 교차한다.

신할리즈어*

인도 남쪽에 떠 있는 실론 섬. 이곳은 스리랑카라는 나라다. 현재 수도는 스리자야와르데네푸라코테라는 무시무시하고 기다란 명칭으로 불린다. 이 스리랑카의 공용어가 신할리즈어다. '스리자야와르데네푸라코테어'가 아니라서 다행이다.

이 신할리즈어에 관해서도 역시 아무것도 모른다. 부족한 지식을 메우고자 다시 개설서를 읽는다.

본래 신할리즈어는 둥글게 생긴 신할리즈 문자를 사용한다. 하지만 개설서에는 나처럼 신할리즈 문자를 읽지 못하는 독자를 위해 라틴문자로 전사되어 있다. 이럴 때는 셈씨부터 살펴본다.

하나, 둘, 셋, 넷 다섯은 에카, 데카, 투나, 하타라, 파하. 아무래도 인도유럽어족 같지 않은가. 참고로 인도유럽어족 중에서도 오래된 형태가 남아 있다고 알려진 리투아니아어로는 비에나스, 두, 트리스, 케투리, 펜키. 꼭 닮지는 않았지만 언어학 시간에 배웠던 다양한 음운변화를 떠올리니 역시 닮은 구석이 있는 것 같다.

신할리즈어의 계통에 대해서는 사실 여러 설이 있

---

* 사전에 따른 표기법은 신할리즈어이지만, 주로 '싱할라어'라고 부른다.

다. 남인도 언어와의 관련성, 드라비다족 가설, 심지어 스리랑카 고유 언어 가설까지 있지만 일단 인도유럽어 족설이 유력하다. 아니, 그런 여러 가지 설이 있었다니 전혀 몰랐다.

신할리즈어는 교착어, 즉 어미에 문법 요소를 연달아 붙여 가는 언어로 분류되는 것 같다. 인도유럽어족도 동쪽으로 가면 교착어적 성격이 강해진다는 얘기는 들었다. 그런데 같은 해설에서 명사나 대명사의 격변화도 특징으로 거론된다. 격변화? 그건 굴절어의 특징이 아닌가?

아마 여러 요소가 섞여 있어 파악하기가 어렵기 때문에 계통상으로 여러 설이 있는 것 같다. 앞서 말한 셈 씨의 경우도 계통을 밝히는 결정타가 될지는 의심스럽다. 따지고 보면 일본어도 이치, 니, 산, 시만으로 판단하면 중국어와 같은 계통이 되어 버린다.

스리랑카는 신할리즈어와 더불어 타밀어도 공용어다. 일본어 계통론에 파문을 던지는 이 언어는 다른 항목에서 다룬다.

아랍어는 수재들이 배우는 언어가 확실하다.

외국어학부에서 아랍어를 전공하는 학생들은 분명 외국어를 잘할 텐데, 고등학교 때까지 영어뿐만 아니라 독일어나 프랑스어도 독학으로 할 수 있었을 것이다. 유럽어에는 싫증이 나서 일본에 아직 소개가 덜 된 중동 언어를 목표로 한다. 샘이 난다. 그런 이미지를 제멋대로 부풀려 본다.

그런 수재라면 요상한 글자라도 무서워하지 않으리라. 사실 아랍문자는 굉장히 복잡해 보인다. '지렁이가 꿈틀꿈틀 지나간 것 같은 글자'라는 사람도 있지만 잘 보면 조각조각이 붙은 것이다. 어쨌든 두려움을 느끼니까 '지렁이'일 테지만, 어학에 흥미가 있는 사람이라면 그야말로 극복하고 싶은 목표로 삼을 만하다. 오른쪽에서 왼쪽으로 쓰는 어려움도 있다. 어두와 어중과 어말에서 글자 모양이 조금씩 바뀌고, 게다가 그것이 죽 이어져 있다. 그런 글자로 수첩에 술술 메모를 적으면 오죽이나 기분이 좋을까.

발음하기도 꽤 만만찮다. 혀를 감는 권설음은 오히

려 약과다. 예를 들어 '바그다드'의 '그'는 목구멍 깊숙한 곳을 문질러 내는 소리다. 이슬람 국가의 교주이자 통치자인 '칼리프'의 '카'는 막힌 것을 토해 내는 소리라고 설명한다. 막힌 것이 없는데 뱉어 내다니, 이것이야말로 수재의 재주가 아닌가.

저요? 아니죠. 저는 수재가 아니라서 아랍어를 할 줄 모릅니다. 언제까지나 동경만 할 뿐 아랍어는 저에게 아직 멀었습니다.

아르메니아어는 멋있다.

일단 글자가 멋지다. 뭐라 말할 수 없는 이상한 모양새다. 아르메니아어 문자는 4세기 말인가 5세기 초에 대주교 메스로프 마슈토츠가 만들었다고 알려져 있다. 즉 고안자까지 알려진 문자다. 마슈토츠를 자세하게 알고 싶은데 딴 언어로는 알아볼 길이 없고 역시 아르메니아어 자료밖에 없는 듯하다.

그리고 역사도 멋지다. 프랑스 언어학자 앙투안 메이예가 쓴 고전 명저 『역사언어학에서의 비교 방법』에서 가장 감동적인 것은 뭐니 뭐니 해도 아르메니아어가 인도유럽어족임을 증명하는 대목이다. 생각지도 못한 소리의 대응과 치밀한 분석 조사. 일본어와 인도의 언어를 억지로 갖다 붙이는 것과는 차원이 다르다.

고문서라면 모두 아름답지만 아르메니아어 고문서가 유독 아름다워 보이는 까닭은 무엇일까. 이국적이고 장엄하다. 러시아보다 더 오래된 문자문화가 있다는 사실에 아르메니아인 스스로도 자부심을 느낀다. 같은 기독교문화를 공유하면서도 가톨릭과도 정교회와도 다른 아르메니아 교회 분위기도 그립다.

아르메니아어는 동쪽과 서쪽이 크게 다르다. 아르메니아 본국은 동아르메니아어를, 해외의 디아스포라 즉 이산민은 서아르메니아어를 쓴다. 일단 본국의 동아르메니아어부터 익힐까. 어느 정도 배우고 나면 현지에 가서 얼마나 멋진지 실감하고 싶다.

물론 문자부터 먼저 극복해야 할 것이다. 독일에서 출간된 『아르메니아어 문자 입문』은 아르메니아어 글자 쓰기 연습장으로 필기체 쓰는 순서를 포함해 친절하고 자상하게 가르쳐 준다. 또 워드 프로그램에서도 아르메니아어 문자가 지원된다. 설치해 놓으면 글자를 톡톡 치면서 외우는 것도 가능하다. 미국 등지에는 어린이용 아르메니아어 문자 교본도 있는데, 서아르메니아어일지도 모르지만 한번 들여다보고 싶다.

그건 그렇고 아르메니아 본국에 들어가기는 어려우려나.

외국어라는 말을 흔히 쓰지만 외국어라고 하기엔 좀 곤란한 언어가 아이누어다. 아이누어는 외국이 아닌 일본에서 쓰는 언어다. 하지만 일본어는 아니다. 일본어와는 계통이 확연히 다르다. 일본어와 계통이 같은 오키나와 언어와 견줘도 그 특이성이 두드러진다.

아이누어를 하는 사람은 그리 많지 않다. 오히려 아이누어만 사용해서는 살아가기가 어려운 게 현실이다. 그렇다고 "현재 일본은 사실상 단일어 국가라 해도 무방하다"라는 식으로 딱 잘라 말해도 좋을까. 효율성만 따져서 작은 존재라고 무시하기보다 다양성 차원에서 언어를 생각하고 싶다.

단일어 국가가 아님을 머리로는 안다 해도 한 언어 화자가 압도적 다수를 차지하는 현실에서는 실감하기 어렵다는 사실도 부정할 수 없다. 그렇다고 홋카이도에 가면 실감할 수 있는 것도 아니다. 상당히 주의를 기울이지 않으면 아이누어의 존재를 알아채지 못한다.

우선 지명부터 살펴보자. 홋카이도나 도호쿠 지방 북부에 아이누어가 기원인 지명이 많다는 것은 널리 알려져 있고 흥미를 보이는 사람도 많다. 노보리베쓰의 어원인 '누푸르펫'의 뜻이 '탁한 강'임을 알게 되면 분명 재미있다. 하지만 아이누어의 진정한 재미는 물론 더욱 심오할 것이다.

이를테면 소유 표현은 여러 가지 구별 방법이 있는데, 그중 하나가 '양도 가능' 여부다. '상자'처럼 남에게 넘겨줄 수 있는 것과 '눈'目처럼 그럴 수 없는 것은 같은 '나의'를 붙이더라도 표현 방식이 전혀 다르다. 또한 동사는 여러 접사가 붙으면서 뭉게뭉게 부풀듯이 하나의 문장을 형성한다. 인용문에 나오는 '나'에는 1, 2, 3인칭(언어학 맛보기 1 참조) 중 어느 것도 아닌 4인칭을 사용한다. 개설을 읽으면서도 그저 깜짝 놀랐을 따름이다. 몰랐던 인칭의 개념을 알자 머릿속에 새바람이 부는 것 같았다.

세계적으로 소수민족 권리 보장 운동이 일면서 아이누어를 배우려는 바람도 세게 불고 있다고 한다. 외국어는 아니지만 그만큼 다른 언어가 일본에 존재한다. 깜짝 놀라는 것만을 목표로 삼겠다면 아이누어 개론서를 읽어도 나쁘지 않다.

아이슬란드어로 '이슬란드'라 불리는 이 유럽 최북단에 위치한 나라에 실제로 가 본 적이 있다.

때는 바야흐로 크리스마스. 눈보라가 몰아치진 않았지만 무척 추웠다. 엄동설한은 러시아에서 익숙해졌다고 생각했는데, 거리로 나서려고 호텔에서 한 발짝 내딛은 순간 혹시나 바지를 깜박하고 안 입었나 싶어 다리를 내려다볼 만큼 추웠다.

아이슬란드어 하면 북유럽신화 '사가'Saga나 영웅전설 『에다』Edda가 생각난다. 이 나라에는 오랜 문자 자료가 전해진다. 문헌학을 공부했던 나에겐 반가운 언어다. 수도 레이캬비크의 서점에 들어서자 벽에 고문서를 디자인한 포스터가 붙어 있던 것이 묘하게도 기억에 남았다. 아이슬란드어는 라틴문자를 기본으로 하면서도 독특한 문자가 두 개 있는데, 그중 하나는 국제음성기호, 이른바 발음기호에도 있다. 숫자 6을 뒤집어 올챙이 꼬리처럼 생긴 부분에 비스듬한 선을 그은 문자(ð)로 영어 THIS의 TH 소리를 나타낸다. 다른 하나(þ)는 THINK의 TH와 소리가 같고 생김새는 P와 비슷한데 오른쪽으로 볼록하게 내민 반원 부분이 세로줄 한가운데에 온다.

헌책방에 잠깐 들렀다. 어느 나라에 가든 헌책방은 꼭 찾아간다. 아이슬란드어를 읽지는 못하지만 책등에 쓰인 제목만 봐도 즐거웠다. 그러자 책방 주인이 아이슬란드어로 말을 걸어 조금 당황했는데, 그런 내 낌새를 눈치채고 다시 영어로 말했다. 잠시 이야기를 나눴지만 자세한 내용은 기억나지 않는다. 어쨌든 헌책방 주인은 어디나 분위기가 비슷하다.

호텔에 돌아와 텔레비전을 켰는데 아이슬란드어 방송 채널은 딱 하나뿐이었다. 인구 30만 명 정도인 이 나라에서는 당연한 일인지도 모른다. 그만큼 이웃 나라와의 관계가 자연스럽게 밀접해진다. 수입 제품도 많다. 특히 덴마크에서 온 물자가 많아 아이슬란드 주부들은 덴마크어로 된 통조림 설명서 정도는 읽을 수 있다고 한다. 아이슬란드어나 덴마크어나 조상이 같은 게르만어파라서 많이 닮았다고는 하나, 작은 나라에 이렇게 두 언어가 공존한다는 점이 내 입맛에 맞는다.

예전 직장 동료 S씨가 해외 파견 연구로 더블린에 있을 때 어슬렁어슬렁 놀러 간 적이 있다.

아일랜드는 영어만으로 충분한 나라이고, 특히 수도는 그런 경향이 두드러진다. 그래서일까, 더블린 거리에서 아일랜드어를 못해 불편했던 기억은 없다. 영어 어학연수를 하러 오는 사람도 많다고 들었다.

하지만 거리에서 눈에 띄는 안내표지판 같은 데는 희한한 철자가 적혀 있다. 바로 아일랜드어인데 당연히 내 눈을 사로잡는다. 공식적으로도 제1국어는 아일랜드어이고 제2국어가 영어다.

아일랜드어는 철자만 희한한 것이 아니다. 예컨대 소리를 들으면서 글자를 진득이 바라보고 있었음에도 어느 순간 어디까지 읽었는지 미로에 빠져 헤맨다. 이는 하나의 자음자가 여러 소리에 대응하기 때문인데, 이를테면 dh라는 철자를 [w] 나 [g] 또는 전혀 뜻밖의 소리로 발음한다. 'Dia dhuit'는 '디아 기티'라 읽으며 '안녕하세요'라는 뜻이다.

아일랜드 서부는 게일타흐트라 불리는 아일랜드어

우세 지역이다. 그 지방의 도시인 골웨이까지 S씨의 차를 타고 함께 굴을 먹으러 갔다. 골웨이는 언어지도(언어학 맛보기 5 참조)에 게일타흐트라고 되어 있는데 아일랜드어를 전혀 맛보지 못했다. 맥주와 굴이 맛있고 참으로 멋진 곳이라는 인상만 받았을 뿐이다.

부랴부랴 더블린으로 돌아가 트리니티칼리지에서 『켈스의 서』를 봤다. 이게 바로 아일랜드다. 맥주와 굴과 고문서의 나라라니, 천국이 따로 없지 않은가.

전부터 아일랜드어와 게일어가 어떻게 다른지 궁금했기에 거기 간 김에 조사해 보았더니 아무래도 똑같은 것 같았다. 뭐야 이런.

튀르키예인 유학생한테 들은 얘기다. 고등학생 때 국제
생물올림피아드라는 청소년 대상 경시대회에 참가하려
고 아제르바이잔의 수도 바쿠에 갔다는데, 구 공산권에
서 이런 행사를 주로 개최했다.

이스탄불에서 바쿠까지 아제르바이잔 국적기로 갔
는데 기내 방송은 당연히 아제르바이잔어였지만 튀르
키예 사람이라 거의 다 알아들었다니 튀르키예어와 아
제르바이잔어는 그만큼 가까운 모양이었다.

그런데 가까워서 생기는 오해도 있다. 바쿠에 도착
할 때쯤 이 유학생은 믿을 수 없는 방송을 듣는다.

"승객 여러분, 곧 추락할 준비를 해 주세요."

그는 당연히 패닉에 빠졌다. 하지만 주위 사람들은
매우 침착했다. 나중에 알고 보니, 튀르키예어로 동사
'추락하다'가 아제르바이잔어로는 '내리다'의 뜻이다.*

그만큼 튀르키예어와 아제르바이잔어는 서로 가깝
지만, 튀르키예어는 라틴문자, 아제르바이잔어는 키릴
문자로 표기한다. 구소련에 속했기에 아제르바이잔은
다른 많은 공화국과 마찬가지로 키릴문자를 받아들였

---

* 터키어 düşmek[뒤슈메크], 아제르바이잔어 düşmək[뒤
슈매크]는 '떨어지다'의 뜻인데 전자는 '추락하다', 후자는
교통기관에서 '내리다'의 뜻도 있다.

다. 그러나 연방 붕괴 후 키릴문자를 버리고 라틴문자를 받아들였다. 튀르키예어와 더욱 가까워진 것이다.

아제르바이잔어 사용자는 이란에도 있다. 이란 언어인 페르시아어는 아제르바이잔어와 계통이 전혀 다르다. 그래도 아제르바이잔어는 튀르키예어에 비해 페르시아어의 영향을 좀 더 크게 받았다.

일본에도 아제르바이잔어 학습서가 있다. 1999년 다이가쿠쇼린에서 나온 『아제르바이잔어 회화 연습장』이다. 이미 라틴문자로 표기되어 있다. 게다가 테이프도 있어서 발음도 들을 수 있다.

이 회화책에서 "내릴 준비를 해 주세요"라는 표현을 찾아봤지만 아쉽게도 없었다.

'아프리칸스'를 로마자로 표기하면 Afrikaans다. aa라는 철자가 영어에서는 드물어 눈길을 끌지만 독일어나 네덜란드어에서는 심심찮게 쓰인다.

역사를 간략히 소개하자면, 17세기 중반 네덜란드 동인도회사가 현재의 케이프타운에 아시아로 가는 항로의 중계항을 구축했는데 이후 이 땅에 정착한 네덜란드인의 언어에서 발전한 것이 지금의 아프리칸스어다. 따라서 이 언어는 네덜란드어나 독일어와 마찬가지로 인도유럽어족(언어학 맛보기 6 참조) 게르만어파에 속한다. 남아프리카에서 게르만계 크레올(언어학 맛보기 01 참조) 언어를 사용한다니 역사의 우연이라곤 해도 남다른 재미를 준다.

그중에서도 네덜란드어와 특히 가까운 관계다. 네덜란드어로 아침 인사가 '후여 모르허'인데, 아프리칸스어는 '후여 모러'다. 이런 게 나는 한없이 재밌다.

다만 아프리칸스어 사용자는 거의 대부분이 영어도 구사하는 이중언어 사용자다. 따라서 영어만으로도 충분히 커뮤니케이션이 가능하다. 그래도 외국인을 위한 입문서가 있어서 발음을 익힐 수 있다.

그러고 보니 대학생 때 외서 전문 서점에서 우연히 『아프리칸스어-영어 사전』을 발견하고 샀던 기억이 있는데 지금 아무리 책장을 뒤져 봐도 찾을 수가 없다. 애초에 왜 사고 싶은 마음이 들었는지 이제는 가물가물하다. 아프리카의 많은 지역이 유럽어를 그대로 받아들인 것과 달리 아프리칸스어는 독자적인 모습으로 탈바꿈해서 왠지 괜찮다고 생각했던 듯싶다.

그러나 아프리칸스어를 둘러싼 상황은 그리 순탄하지 않았다. 남아공 하면 아파르트헤이트가 너무도 유명해 이를 빼놓고는 어떤 얘기도 할 수 없는데, 아프리칸스어는 아파르트헤이트를 추진한 사람들의 언어다. 1976년 아프리칸스어를 흑인 학교에 도입하자 흑인 학생들이 이에 항의하며 소요를 일으켰을 정도다. 그래서 평판이 썩 좋지는 않다. 그만큼 미움받는 '마이너 언어'도 드물다.

그래도 나는 아프리칸스어에 매력을 느낀다. '죄는 미워하되 언어는 미워하지 말자'라고 할 수 있겠다.

알바니아라는 나라는 자칫 잊혀 버릴 것만 같다.

1990년까지는 사회주의 정권으로 바르샤바조약기구의 회원국이기도 했다. 그럼에도 동유럽 관계자들조차 알바니아의 존재를 가끔 잊는 것은 아닌지 의심하게 된다. 정권이 바뀌고 나서 사람들은 어떻게 살고 있을까. 그러고 보니 알바니아 여행안내서는 여태껏 본 적이 없다.

알바니아어는 인도유럽어족에 속하는데 언어도 잊힐 것만 같다. 그렇지만 19세기에 비교언어학이 번성했을 무렵에는 언어학자의 주목을 끌기도 했다.

옛 유고슬라비아와 국경이 맞닿아 있어서 슬라브계 언어의 영향을 기대하며 알바니아어 단어집을 들춰 봐도 딱히 영향받은 바가 없는 것 같다. 개설서에 따르면 로망스어 계열의 어휘가 많다는데 그쪽으로도 잘 모르겠다.

오래전이지만 알바니아어 교재를 와세다의 헌책방에서 발견하고 산 적이 있다.

팥죽색에 그다지 두껍지 않은 그 책은 짜임새가 그

야말로 교재다웠다. 다시 말해 삽화로 표현을 차근차근 가르치는 낡은 방식이었다. 질이 그다지 좋지는 않지만 컬러 인쇄였고 소박한 삽화가 아무리 봐도 사회주의스러웠다. qeni라는 요상한 철자 위에 개를 그린 삽화가 있다. 뜻을 알려 주려는 것은 알겠는데, 그건 그렇다 쳐도 q 뒤에 u 말고 딴 글자가 이어지니 제멋대로 쓴 것도 같고 왠지 어색하다. 이 q의 발음은 '큐'와 '추'의 중간 소리다. 즉 '켸니'나 '체니'와 비슷한 셈이다.

서론은 프랑스어와 영어로 쓰여 있다. 대강 쓱 읽어 보니 재외 알바니아인을 대상으로 한 초급 교재다. 책의 맨 끝에는 영어와 프랑스어 어휘 대응표도 있다. 그래도 독학은 좀 어려울 것 같다.

작은 나라를 좋아하는 나에게조차 사각지대였던 알바니아와 그 언어. 이렇게 가나다순으로 언어를 생각하다가 처음으로 아는 것도 생긴다.

알퐁스 도데의 단편소설 「마지막 수업」의 무대는 현 프랑스 알자스 지방이다. 주인공인 소년 프란츠는 학교에 지각한 날 프랑스어 수업이 오늘로 마지막이며 앞으로는 독일어 수업만 한다는 사실을 알게 된다.

　많은 일본인이 애독했던 이 소설은 일찍이 초등학교 국어 교과서에도 실려서 나도 읽었다. 이제는 그 정치적 편향성이 비판받아 수록되지 않는 듯하다. 이 점에 대해 나는 비판도 옹호도 하지 않는다.

　다만 오랜 의문이 있었다.

　배우지 않으면 쓸 수 없는 '국어'란 무엇인가.

　주인공 프란츠는 마지막 프랑스어 수업을 앞두고 "그런데도 나는 겨우겨우 쓰기밖에 못하다니!"라고 한탄한다. 그럼 읽기나 말하기는 어땠을까. 그게 어렸을 때부터 궁금했다.

　어른이 된 지금 알자스의 언어 상황을 알아보니, 알자스에는 알자스어라는 토착어가 있다. 다만 글말이라기보다 기본적으로 입말이고 방언에 가깝다. 그래서 언어 인구를 정확히 파악하기도 어려운데 사용자가 100만

명은 넘는 듯싶다.

알자스어는 계통상 독일어에 가깝다. 그렇다면 알자스 주민은 원래 독일어계 언어를 사용했다는 뜻이다. 대개 프란츠라는 이름도 독일식이지 않은가. 그렇다면 프랑스어는 조금 먼 것이 당연하다. 하기야 역사적으로 이 지역은 독일과 프랑스 사이에서 소속이 오락가락했기 때문에 다언어 문화권으로 파악하는 게 나을지도 모른다.

평화로운 시대에 따져 본다면 독일어와 프랑스어 문화를 함께 접할 수 있는 지역이니 최고가 아닐까 생각한다. 적어도 음료에 관한 한 알자스는 포도주와 맥주가 모두 맛있다. 포도주는 리슬링 품종의 화이트와인이 좋다. 한편 맥주는 로망스어권의 맥주를 그다지 좋아하지 않지만 크로낭부르 1664는 마음에 든다. 어느 것이든 알자스산이다.

프랑스어와 독일어 문화에 더해 독자적인 알자스어 문화가 꽃핀다면 얼마나 매력적일까.

암하라어는 에티오피아의 공용어다. 내 전공과는 거의 관계가 없지만 실은 CD가 첨부된 교재를 슬그머니 사서 장래를 대비 중이다.

암하라어의 매력은 그 글자다. 에티오피아 문자는 음절문자로, 독특하고 귀여운 모양이 동글동글 죽 이어진다. 음절문자라 수가 많고 공부하기 까다롭지만, 이런 문자를 읽고 쓸 수 있으면 좋겠다고 꿈에 부풀어 오른다. 지금은 워드 프로그램에서도 문자 지원이 되기 때문에 키보드를 두드리면서 외울 수 있다.

에티오피아는 예로부터 기독교 국가다. 종교 관련 고문서에는 아무래도 오래된 기독교풍의 소박한 삽화가 많이 들어가 있는데 거기에 에티오피아 문자가 줄지어 적혀 있다. 이를 가만히 들여다보면 고대 슬라브어의 글라골문자처럼 보인다. 일각에는 그 상호 관계를 주장하는 연구자도 있지만, 아무리 봐도 그렇게 미덥지는 않다. 하지만 내 전공과 억지로 이어 붙일 핑곗거리로 삼기는 좋을 것 같다.

그건 그렇고 일본의 CD 가게는 여러 언어가 공존하

는 공간인데 언젠가 에티오피아의 재즈 음반을 발견하고 구입한 후로 자주 듣는다. 1970년대에 에티오피아는 음반 제작이 매우 활발했는데 근대화 운동과 더불어 꽤 모험적인 음악을 추구했던 것 같다. 이 음반은 그때쯤 발표된 것이다. 마음에 들어 다른 에티오피아 음반도 찾아서 몇 장 샀다. 재킷에 에티오피아 문자가 쓰여 있어서 그것을 바라보는 것만으로도 왠지 두근거린다.

지금까지 문자에만 주목했는데, 암하라어에는 방출음(언어학 맛보기 06 참조)이 있는 반면 아프로아시아어족이면서도 아랍어나 히브리어와 달리 후음이 적어서 언어학적으로도 여러모로 재미있다. 한때는 사회주의 체제였고 내전으로 갈등을 빚기도 해서 불안정한 나라지만 한 번쯤 방문할 기회를 엿보고 있다.

혼자 가기는 무서우니 패키지여행을 할까 싶다. 그러고 보니 러시아의 대시인 푸시킨도 에티오피아인의 피가 흐른다는 것을 자랑스러워 했던 것 같다.

'에스키모'는 멸칭이니 '이누이트'가 옳다고 믿는 이들
이 있다. 하지만 이누이트는 캐나다의 에스키모만을 가
리키기 때문에 그린란드부터 러시아의 추코트 반도(축
치반도)에 걸쳐 사는 이 민족을 이누이트로 통칭한다면
그것도 문제라 할 수 있다. 한편 '유피크'는 알래스카 서
남부에 사는 사람들의 명칭이다. 아무래도 이 민족의 총
칭을 정하기란 쉽지 않을 듯싶다. 어떤 학자는 당사자들
이 '에스키모'라는 명칭을 그다지 멸칭으로 여기지 않으
니 일본에서 그렇게 불러도 딱히 문제될 건 없다는 입장
이다. 나도 이를 따르고자 한다.

　　에스키모어는 하나의 언어라기보다 서로 통하지
않는 여섯 개 언어의 총칭이라 할 수 있다. 고전적 유형
론에 따르면 에스키모어는 포합어에 속한다. 접두사나
접미사 같은 접사가 많이 붙어 한 단어가 무척이나 길어
보인다. 하지만 정확히 말하면 그건 '단어'로 치지 않는
다. 언어학에서 '단어'라는 용어를 피하는 이유는 에스
키모어처럼 전혀 '단어'라고 볼 수 없는 경우도 있고, 영
어든 일본어든 서로 구조가 다른 언어가 있음을 고려하

기 때문이다.

어쩐 일인지 수중에 에스키모어 교재가 있다. 에스키모 어린이를 위한 모어 교재다. 판권면에는 1994년 소련 붕괴 후 상트페테르부르크에서 출판되었다고 나온다. 분명 일본의 전문 서점을 통해 샀던 것으로 기억한다. 삽화는 여전히 사회주의 분위기를 풍기지만 이런 책도 냈다는 것이 기뻐서 손에 넣었다.

구소련에서 출간한 책이라 내용은 키릴문자로 되어 있다. 그렇다고 다 알 수 있는 건 물론 아니다. 하지만 텍스트를 가만히 들여다보면 어렴풋이 이해되는 말이 있다. 러시아어 차용어다. '문장' '문자' '단어' 같은 문법 용어는 물론 '사과' 등의 단어가 분명히 러시아어에서 들어왔다는 것을 알 수 있다. 이들이 사는 축치반도에는 사과가 없을까.

판권면을 보니 발행 부수는 딱 200부! 내가 사는 바람에 에스키모 아이들한테 돌아가지 않았으면 어떡하지? 그런 괜한 걱정을 하게 될 만큼 부수가 적다. 그래서 소중히 책장에 꽂혀 있다.

지금은 이미 없어져 버렸지만 와세다에 외국 서적과 어학 교재가 많은 헌책방이 있었다. 대학생 때 거기서『소비에트·에스토니아 백과사전』이라는 러시아어 책을 발견했다. 4,500엔이라는 가격은 당시 나에게 결코 싸지 않았지만, 몇 번인가 계속 지나치다가 고민 끝에 사고 말았다.

　　그때 나는 러시아어를 열심히 공부했는데, 러시아 이외의 여러 공화국에도 관심이 있고 특히 발트삼국인 에스토니아, 라트비아, 리투아니아는 동경의 대상이었다. 물론 나라마다 자기네 언어가 있다는 것은 알았고, 그중에서도 에스토니아어는 다른 두 언어, 즉 라트비아어나 리투아니아어와 달리 핀우그리아어파로 핀란드어에 가깝다는 데서 더 재미를 느꼈다. 당시 나는 가능하다면 핀란드어나 에스토니아어 전문가가 되고 싶다는 생각까지 했다.

　　그렇지만 그 무렵엔 에스토니아어 교재를 손에 넣기 어려웠고, 게다가 발음 학습까지 더하면 절망적이었다. 탈린에서 출판된『에스토니아어로 말합시다』라는 입문서를 유일하게 구했지만, 교사가 가르치는 것이 전제인 교재이기 때문에 텍스트는 에스토니아어뿐이었다. 그래서 어쩔 수 없이 일러스트만 간간이 보았을 따름이다. 그중 딱 하나 '테레'가 만날 때 주고받는 인사라는 것은 알았지만 어디에 악센트가 있는지는 몰랐다.

그다음에는 앞서 말한 『백과사전』을 읽었다. 소비에트 시대의 출판물은 편향된 것이 많다지만 어떤 책이든 나름의 진실이 있다. 일본어와 영어로는 정보를 얻기 힘들었던 시절, 러시아어 백과사전으로도 충분히 꿈을 꿀 수 있었다.

이후 에스토니아에 몇 번인가 가 봤지만 모두 소비에트 시대였던 데다가 러시아어 통역을 하는 처지였기에 에스토니아어는 말할 수 없었다.

한번은 핀란드 수도 헬싱키에서 에스토니아 수도 탈린까지 페리로 왕복할 계획을 세웠다. 편도로 한 시간 반 거리라 당일치기 여행이 충분히 가능했다. 그런데 예정된 날에 하필 폭풍우가 몰아쳐 결항이 됐다.

언젠가 탈린에 가면 '테레'의 어디에 악센트가 있는지 확인하고 싶다.

언어 인구

큰 언어 혹은 작은 언어라는 판단은 주로 언어 인구를 기준으로 이루어진다. 즉 사용하는 사람이 많으면 큰 언어이고 적으면 작은 언어인 셈이다. 영어가 세계 공통어라든가 중국어 화자가 10억 명 이상이라는 것은 이러한 언어 인구에 바탕을 둔 의견이다.

다만 언어 인구는 그다지 알기 쉬운 것이 아니다. 어떤 언어에 대해 기술할 때 사용자가 몇 명인지 명기하도록 요구하는 경우가 왕왕 있다. 하지만 내가 손수 하나하나 셀 수 없으니 어쩔 수 없이 통계에 의존한다.

그런데 어느 통계에 근거하면 좋을까. 대부분의 경우 각국 정부가 시행하는 인구조사에 따른다. 되도록 최신 데이터를 원하지만, 그러한 대규모 조사를 실시하는 빈도는 나라마다 다르다. 통계 작성 방식도 다양해 면밀한 데이터를 보유한 나라도 있고 납세자나 선거인 명부조차 변변찮은 나라도 있다.

여러 나라에서 사용하는 언어라면 더욱 복잡하다. 각국이 산출한 어수선한 결과를 합산해 보았자 제대로 된 언어 인구는 파악되지 않는다.

이 책에서 가끔 언급하는 언어 인구는 항상 어떤 통계에 근거한 것이다. 그러면 편집자는 다른 자료의 숫자를 제시하고 어느 걸 선택할지 다그친다. 만전을 기하려고 여러 가능성을 지적해 주는 것은 고맙지만 나는 그때마다 산더미 같은 자료 때문에 골머리를 앓는다. 고민해 봤자 이렇다 할 결과는 나오지 않는다.

도대체 "저는 ○○어를 말합니다"라는 것은 어떻게 정해지는 것일까.

이는 대부분 자진신고다. 자기가 ○○어를 하고 있다고 생각하면 ○○어 화자가 되는 것이다. 국가에 따라서는 인구조사에 어느 언어 화자인지 묻는 항목을 포함시키기도 한다고 들었다. 하지만 언어 숙달 수준까지 측정할 수는 없을 것이다. 본인이 할 수 있다면 할 수 있는 것이다.

국가의 속성과 민족의 속성이 다르듯 언어의 속성도 달리 판단해야 한다. 이 세 가지가 일치하는, 예를 들어 일본의 일본인이 일본어를 말하는 것과 같은 사례가 세계에는 훨씬 드물다.

하지만 이 점에 관해서도 허술한 통계가 적지 않다. 국가와 민족의 관계도 상당히 아리송하지만 그와 언어의 관계는 더욱 불분명하다. 때로는 별다른 근거도 없이 소수민족은 소수 언어를 구사한다고 대충 결론 내리기도 한다.

그렇다면 어떻게 해야 할까.

아쉽게도 해결책은 없다. 언어 테스트를 치러서 평가할 수도 없는데, 그런 일을 벌이면 예를 들어 일본어 화자로 인정받지 못하는 일본인이 대량으로 속출할 가능성마저 있다. 그렇게 되면 그들은 자신의 정체성을 잃고 머지않아 사회는 대혼란에 빠질 것이다.

언어는 지역과 일치한다. 지금까지의 통계는 이것을 기반으로 이루어졌다. 인간의 이동이 한정된 시대에는 그것도 유효했을지 모른다. 그러나 지금처럼 수많은 사람과 물자가 대규모로 이동하는 시대에는 언어와 지역의 일치라는 대원칙조차 성립하기 어렵지 않을까.

본래 언어는 개인에게 귀속되는 것이다. 그 개인이 지역과 깊숙이 결부돼 있으면 언어 통계도 내기 쉽다. 현실은 그렇지 않다. 현재 일본에는 중국인이나 브라질인, 한국인이나 러시아인 등 일본어와 다른 언어문화를 가진 사람이 얼마든지 살고 있다. 다른 한편으로 국적은 다른 나라라도 일본어로만 생활하는 사람도 적지 않다.

게다가 한 사람이 한 언어만 쓴다고 할 수도 없다. 내 지인 중에는 여러 언어를 일상적으로 사용하는 사람이 얼마든지 있다. 또 어떤 지역에는 이중언어나 다중언어 사용자가 흔하다. 그러면 나라의 인구와 언어 인구가 딱 들어맞지 않는데,

그런 곳은 어떨까.

또한 개인이 일정한 언어를 습득했을 경우는 어떻게 따져야 할까. 예컨대 지인인 카챠 씨는 러시아인이지만, 내가 보기엔 일본어 화자라고 해도 손색이 없다. 과연 나 자신은 어떠한가. 러시아어 화자로 쳐줄 수 있을까. 영어 화자로는 어떨까.

이처럼 엄밀히 따지면 통계는 모순투성이다. 그러니까 언어 인구 따위엔 너무 기대지 않는 편이 좋다. 뭐, 일본어 화자보다 영어 화자가 더 많겠지. 기껏해야 이 정도다.

무엇보다 언어 인구라는 것이 어떤 외국어 학습자에게는 매우 신경이 쓰이는 듯싶다. 특히 화자가 10억 명이 넘는 아시아의 '큰 언어'를 공부하는 사람에게 그 경향이 두드러지는데, 단 1000만 명밖에 사용자가 없는 '작은 언어'는 평생 걸려도 만날 일이 없지 않을지, 가까운 장래에 소멸해 버리지는 않을지 걱정까지 한다.

사용 인구가 많은 '큰' 언어를 골라 유리한 삶을 살자는 발상은 그릇이 '작은' 인간이라는 증거가 아닐까.

내가 지금까지 영어를 가장 많이 말했던 때는 체코 시골 마을의 학생 기숙사에 머물 때였을지 모른다. 룸메이트가 미국 대학생이었다.

데이비드는 매우 털털한 성격이었다. 구체제 시대에 만들어진 조악하고 좁은 샤워실을 늘 축축하게 해 놓았는데 언젠가 내게 물었다.

"근데 말이야, 구로다는 어떻게 샤워실을 그렇게 깔끔하게 쓰는 거야?"

"나는 사회주의에 익숙하거든."

그때부터 그는 나를 전적으로 신뢰했다.

미국 대학생은 공부를 많이 한다는데 데이비드도 그랬다. 낮 동안의 수업은 당연하다 쳐도 저녁에 방으로 돌아와서도 반드시 일정한 시간 동안 책상에 앉아 있는다.

구김살 없는 성격이라 내게 질문도 자주 했다. 작문 숙제도 도와주었다. 아직 초보라 친족명과 민족명 정도밖에 모르는데도 데이비드는 과감하게 도전했다(이하 <>는 체코어).

"<나는 미국인입니다.>"

"맞아."

"<내 아버지는 독일 사람입니다.>"

"응? 그랬어?"

"아니, 그게 아니라 익힌 단어를 연습하는 거야."

"과연."

"<내 어머니는 스페인 사람입니다.>"

"이것도 연습이구나."

"맞아. <내 여동생은 알바니아 사람입니다.>"

"잠깐 기다려 봐. 독일인 아버지와 스페인인 어머니 사이에 미국인인 너는 둘째 치더라도 어떻게 알바니아인 여동생이 생겨?"

"으음, 그러네. 앞뒤가 맞게 해야겠군."

이런 시시한 대화를 둘이서 끝없이 영어로 나눴다.

한번은 데이비드가 그림책을 읽고 있었다. 『곰돌이 푸』 체코어판이었다.

"벌써 읽을 수 있어?" "아니, 뭐 그건 좀." 그 뒤의 대사가 잊히지 않는다. "It's too heavy." 그러니까 일러스트를 보면서 즐기던 중인데, 푸가 꿀을 너무 많이 먹어 구멍 밖으로 못 빠져나가는 삽화를 보고 깔깔거렸던

것이다. 문득 '푸도 heavy였구나' 하는 생각이 들어 그
것도 웃겼다.

이런 경험을 통해 나는 영어를 꽤 술술 말하게 됐
다. 영어 원어민과 함께 생활했다는 사소한 경험이 자신
감으로 이어졌다.

데이비드의 체코어도 나날이 늘었다. 그 마을에 남
아 영어 교사가 되었을 텐데, 과연 샤워실 사용법은 잘
익혔을까?

이를테면 도쿄외국어대학에는 26개 언어의 전공 과정
이 있었다(내가 비전임 교수였을 때 얘기이고 지금은 더
늘었다). 지금부터는 내 마음대로 하는 상상인데, 그중
에서도 묘하게 고생하는 이들이 우르두어 전공자가 아
닐까 싶다.

그러니까 이런 질문을 어느 언어보다 많이 받지 않
을까.

"그게 어디 말이죠?"

국명+어語로 언어 명칭을 짓는다고 흔히들 생각한
다. 그러니 아무리 마이너 취급을 받더라도 캄보디아어
는 캄보디아 언어, 폴란드어는 폴란드 언어라고 이해할
수 있다.

하지만 '우르두'라는 나라는 없다. 우르두어는 파키
스탄이슬람공화국의 언어다. 원래 '군영'軍營을 뜻하는
'우르두'의 어원은 옛 튀르크어로 거슬러 올라간다.

우르두어는 이웃 나라 인도의 힌디어와 매우 가까
운 관계에 있다. 두 언어는 문법구조와 일상 어휘가 같
아서, 말하자면 '한 언어의 두 스타일'에 지나지 않는다

고도 할 수 있다. 실제로 영어권에서 출간된 어학 교재 중에는 '힌디-우르두어'라고 해서 두 언어를 한 권에 같이 다루는 경우도 있다.

예전에 기억을 잃은 청년이 겨우겨우 다다른 파키스탄의 마을에서 도움을 받으며 점차 마을 사람들과 가까워지지만 결국 마을 유력자의 딸과 결혼하기 직전에 실은 숙적 인도의 힌두교도임이 밝혀진다는 로미오와 줄리엣보다 안타까운 비극을 내용으로 한 인도 영화를 본 적이 있다. 이는 언어 소통에 문제가 없었기 때문에 가능한 설정이 아니었을까 싶다.

우르두어와 힌디어의 가장 큰 차이는 문자다. 우르두어는 아라비아문자에 몇 개를 더한 우르두문자를, 힌디어는 데바나가리문자를 쓴다. 이는 한눈에 봐도 알 수 있다.

그런데 영화의 무대가 된 마을에는 어디에도 글자가 쓰여 있지 않았다. 그런 설정이라고 볼 수밖에 없다.

우즈베키스탄의 수도 타슈켄트에 머물렀을 때 이야기다. 어느 지하철역에서 친구와 약속이 있었는데 친구가 좀처럼 나타나지 않았다. 어쩔 수 없이 신문이라도 읽으며 시간을 때우려고 역 앞 매점에 들어갔다. 우즈베키스탄의 신문 이름을 전혀 모르니 아무거나 샀는데, 역 구내에 들어가 펼쳐 들자마자 잘못 샀다는 것을 깨달았다.

우즈베크어였던 것이다.

러시아어와 같은 키릴문자로 된 신문이라 깜박하고 말았다. 우즈베크어도 키릴문자를 사용한다는 사실을.* 헷갈리지 말았어야 했는데.

안타까운 마음에 읽을 수 없는 우즈베크어를 바라만 본다. 아니나 다를까, 전혀 모르겠다. 우즈베크어는 튀르크어파로 터키어의 친척이다. 러시아어와 같은 슬라브계 언어인 우크라이나어나 벨라루스어처럼 유추가 안 된다.

가까스로 친구와 만나 지하철을 탔다. 나는 지하철이 좋다. 기뻐서 차 안을 두리번거린다. 장소는 타슈켄트이지만 지하철 차량은 모스크바와 다름없는 구소련형이

---

* 키릴문자도 여전히 쓰지만 지금은 공식적으로 라틴문자를 쓴다.

다. 하지만 차내 방송이 다르다. 당연히 우즈베크어다.

방송 내용은 짐작이 간다. "주의하세요. 문이 닫힙니다. 이번 역은 ○○입니다." 이건 페테르부르크든 키예프든 민스크든, 구소련 어디나 마찬가지다. 하지만 또다시 도무지 모르겠다. 신기한 기분이다.

친구는 우즈베크 사람인데 나보고 "너도 우즈베크어를 알걸"이라고 한다. 그런 바보 같은 소릴. 내가 우즈베크어에 대해 아는 거라곤 튀르크어파임에도 모음조화 같은 현상이 없다든가 하는 언어학 지식 정도다. 그래도 친구는 굽히지 않는다.

"러시아어 '사말료트'(비행기)가 우즈베크어로 뭘까?"

"그러니까 모른다고."

"정답은 사말료트야."

"뭐야, 똑같잖아."

"그러게 말이야."

그러면서 친구는 조금 슬픈 표정을 지었다.

"우즈베크어 안에 러시아어가 너무 많아."

하지만 이것은 1990년대의 일이다. 지금의 우즈베크어는 과연 어떨까.

아직 중학생이었을 때 도쿄에서 개최된 소련 영화제에 갔다. 행사장에 영화제를 기념해 소련 상품을 전시하는 즉석 매장이 열렸는데 거기서 색채가 아름답고 민화를 모티브로 한, 그렇지만 문자는 읽을 수 없는 그림책을 기념으로 샀다. 이 언어를 읽고야 말겠다는 꿈이 나중에 나를 러시아어로 향하게 만들었다.

　하지만 이 그림책은 러시아어가 아닌 우크라이나어였다.

　구소련 시절이라 러시아 이외의 여러 공화국 물품이 섞여 있었던 것이다. 서점에도 러시아어가 아닌 그림책이 드물지 않았다.

　같은 키릴문자를 쓰지만 러시아어와 달리 우크라이나어는 i 자가 있는 게 특징이다. 우크라이나어에 특히 호감이 있는 나에겐 이 i가 아주 귀엽게 보인다. 또 윗점이 두 개 찍힌 ï도 있는데 이게 있으면 두말할 것도 없이 우크라이나어다. 그것만 알면 러시아어와 헷갈리지 않는다.

　그렇다 치더라도 러시아어와 우크라이나어는 비슷

하다. 하지만 닮았다고 해서 다 알 수는 없다. 대충은 알겠는데 손에 딱 잡히지는 않는다. 이 감각에 매혹되어 어느덧 우크라이나어에 사로잡히고 말았다. 대학원 박사과정에 들어갔을 때 본격적으로 우크라이나어를 배우기로 결심했다.

하지만 우크라이나어를 배울 수 있는 환경은 결코 풍족하지 못했다. 일단 가르치는 사람이 없으니 독학을 해야 했다. 그런데 당시에는 일본어로 된 교재가 없었다. 심지어 우크라이나에서 출판된 교재조차 구할 수 없다. 고생고생해 캐나다에서 나온 교재를 어렵사리 구했다. 테이프는 지인에게 빌려서 들었다. 사전도 우크라이나어-영어 혹은 우크라이나어–러시아어 사전을 사용했다. 그것 또한 손에 넣기까지 상당히 힘들었다.

하지만 이런 과정도 따지고 보면 즐거웠다. 영어처럼 교재가 너무 넘쳐 나는 것도 어찌 보면 불행일 수 있다. 그리고 영어만큼 널리 퍼지면 어쩌다 산 그림책 한 권에서 이렇게 매력을 느끼기도 힘들 것이다.

마리나 야겔로는 프랑스 언어학자다. 저서 『언어나라의
앨리스』와 『오류투성이의 언어론』은 일본어로도 읽을
수 있다. 일상적인 화제를 바탕으로 언어의 세계에 접근
하며, 특히 프랑스어를 소재로 하는 경우가 많으니 프랑
스어에 관심 있는 사람은 꼭 읽어 보기 바란다. 또한 아
버지가 리투아니아계 폴란드인, 어머니가 러시아인이
라 그의 저작은 러시아어나 폴란드어 같은 슬라브어도
다루기 때문에 마음에 든다.

하지만 야겔로가 아프리카의 월로프어를 익혔다는
사실을 알았을 때는 의아했다.

야겔로는 1983년부터 1986년까지 세네갈 다카르
대학에 부임해 프랑스어를 가르쳤는데, 그때 현지 언어
에도 관심을 갖게 된 모양이다. 이후 1991년에 공저로
『나는 월로프어를 배운다』라는 입문서를 펴냈다. 부임
지의 언어를 배우고 정리하다니 정말 이상적인 언어학
자다.

그런데 월로프어라니. 일본에서는 거의 생소한 이
언어는 주로 서아프리카의 세네갈과 감비아, 더 나아가

모리타니 일부에서 사용한다. 니제르콩고어족 대서양 어군에 속한다니 어떤 언어인지 나로서도 전혀 짐작이 가지 않는다. 아침 인사 '잠 응가 파난'은 밤을 평안하게 보냈느냐는 뜻인 듯한데 뭐가 뭔지 도무지 감도 안 잡힌다. 그래도 멋진 발상이긴 하다.

월로프어 사용 인구는 약 300만 명이다. 모어 화자 외에 상업용 공통어로 사용하는 사람을 포함하면 500만에서 600만 명 정도이니 결코 작은 언어가 아니다. 방언이 몇 개 있는데 세네갈의 수도 다카르의 방언은 프랑스어, 감비아는 영어의 영향이 각각 두드러진다고 한다.

어쩐지 재미있을 것 같지 않은가. 앞서 언급한 입문서를 손에 넣고 싶어 견딜 수 없다. 일반 언어학 입문서도 쓰고 자국민의 프랑스어 이해에 도움도 주는 야겔로의 외국어 입문서는 어떤 모습일까. 최근에 나온 판에는 CD도 붙어 있는 것 같다. 월로프어를 따라가면서 프랑스어를 복습해도 좋겠다.

웨일스어

영국 추리소설 작가 엘리스 피터스의 수도사 캐드펠 시리즈는 중세 영국의 수도원을 무대로 주인공 캐드펠이 잇달아 일어나는 살인 사건을 해결해 나가는 이야기다. 수도원 안에서 벌어지는 권력투쟁과 역사적 사건을 배경으로 영국 중세 분위기를 즐길 수 있는 연작 미스터리다. 캐드펠이 사실은 웨일스 출신이라 작품 안에서 가끔 웨일스어를 말하는 장면이 나온다.

　웨일스어는 켈트어파에 속하며 대브리튼섬 서부에 분포하는데, 일반적으로 '영국=영어'라는 선입견이 있다 보니 깜박하면 무시해 버리기 쉽다.

　서점에서 찬찬히 살펴보면 웨일스어 입문서도 의외로 눈에 띈다. 앤절라 윌크스와 존 섀컬이 쓴 『웨일스어 입문』은 외국어 학습 그림책 시리즈 중 한 권이다. 만화풍의 말풍선에 적힌 웨일스어를 보면 영어와 놀랄 만큼 다르다. 'How are you?'에 해당하는 'Sut wyt ti?'의 대답은 'Yn dda'다. 뜻이야 '잘 지내세요?'와 '잘 지내요'일 테지만 도대체 어떻게 발음하는지 짐작도 가지 않는다.

본디 웨일스인 하면 떠오르는 이미지는 검은 머리에 붉은 얼굴이다. 더군다나 천성이 과격하다. 잉글랜드인 입장에서 보면 역시 이질적으로 느껴질 것이다. 그러고 보니 유명한 「마더 구스」에도 'Taffy was a Welshman, Taffy was a thief'(태피는 웨일스인, 태피는 도둑)라는 노랫말이 있다. 다니가와 슌타로가 옮긴 『마더 구스 2』의 해설에 따르면, 예로부터 잉글랜드인은 웨일스 수호성인의 날에 이 노래를 부르며 웨일스인을 놀렸다고 한다. 꽤나 고약하다.

이런 배경 때문에 캐드펠처럼 웨일스어를 하면 마음을 여는 사람도 나타나고 그것이 종종 사건 해결의 실마리가 되기도 한다. 소설에는 웨일스 특유의 습관도 곳곳에 나오는데 그러한 점도 재미있다.

오래된 사본이 적지 않은 점도 웨일스어의 매력이지만 그렇다고 과거에서만 사는 언어는 아니다. 켈트계 언어는 모두 소멸 위기에 직면한 듯하지만 웨일스어는 예외다. 지금도 약 50만 명이 일상생활에서 사용하고 사회적 영역에서도 널리 통한다. 영어의 위세에도 불구하고 제법 잘 버티는 듯하다.

힘내라, 웨일스어.

중국처럼 광대한 나라는 전혀 정취가 다른 지역도 안고 있는데 그것이 그 품의 깊이이기도 하다. 나는 그런 깊숙한 곳을 주목해야 직성이 풀린다. 베이징이나 상하이보다 신장 위구르 자치구 같은 이슬람권에 더 끌린다. 저 맛있는 양꼬치를 먹으면서 아랍문자 간판이 늘어선 바자르를 걸어 보고 싶다.

위구르어는 아랍문자를 사용한다. 한때는 한자를 쓰기도 했지만 지금은 다시 아랍문자를 쓴다. 오른쪽에서 왼쪽으로 쓰는 이 글자는 숫자나 수식을 쓸 때 불편하지 않을까 싶지만, 그래도 고집스럽게 계속 사용하고 있다. 한 나라에 여러 문자가 있는 건 풍요로운 일이다. 하지만 위정자는 보통 그렇게 생각하지 않는다.

국경을 넘으면 구소련 지역에서도 위구르어를 쓰는데 거기서는 키릴문자를 사용한다. 그런데 우즈베크어나 카자흐어 같은 튀르크 제어와 위구르어의 관계는 아무리 책을 읽어도 잘 파악되지 않는다.

시바타 다케시가 엮은 『세계의 언어 소사전』을 자주 애용하는데 슬슬 넘기다 보면 '고맙다'가 위구르어로는 '레흐메트', 우즈베크어로는 '라흐마토', 카자흐어로는 '라흐메트'라고 되어 있다. '허허, 역시 비슷하구나'라고 생각하기 쉽지만 이것만으로는 판단할 수 없다. 같은 슬라브계 언어라도 '고맙다'가 러시아어로는 '스파시바', 체코어로는 '데쿠이', 크로아티아어로는 '흐발라'로 전혀 일치하지 않는다.

분명하게 알 수 있는 것은 중국과 구소련의 국경을 넘어 언어와 문화를 공유하는 사람들이 살고 있다는 사실이다. 이런 곳에서 국경을 넘나드는 여행을 하면 즐거울 것이다.

현대 위구르어와 고대 위구르어는 이름만 같을 뿐 직접적인 관련이 없다. 실크로드에 꿈을 가진 사람이라면 실망할지 몰라도 나는 상관없다.

일본에는 『현대 위구르어 4주간』이라는 입문서가 있다. 입문서도 종류가 꽤 늘었다. 그런 입문서를 들여다보며 현재의 중앙아시아를 머릿속에 그려 보고 싶다.

고등학생 시절 니혼바시의 마루젠 서점에 혼자 가서 외국 서적을 구경하길 좋아했다. 어학 서적 코너에는 여러 언어의 교재와 사전과 함께 포켓판 회화집 시리즈가 즐비했다. 20개 언어 이상의 회화집 대부분이 영어 제목을 보면 무슨 언어인지 짐작이 갔는데 딱 하나 모르는 언어가 있었다. Yiddish. 서점 직원에게 물었더니 "유대인의 언어입니다"라는 대답이 돌아왔다.

하지만 고등학생인 나는 감이 오지 않았다. '유대인이란 이스라엘에 사는 사람이잖아. 그럼 히브리어 아닌가?' 무지한 결론이었다.

일본인이 알고 있는 유대인 문화나 역사는 매우 적다. 나치에 박해당한 불쌍한 사람들, 돈벌이에 능한 상인, 심지어 어둠의 세계를 주름잡는 실력자? 그런 가십 주간지 수준의 인식밖에 없다. 하지만 유대인의 역사와 문화를 모르면 유럽도 미국도 이해할 수 없으며, 특히 동유럽은 더 그렇다. 러시아라고 예외가 아니다.

유대인의 언어는 히브리어만이 아니다. 이디시어는 주로 동유럽계 유대인이 쓰는 언어다. 현재 이스라엘, 미국, 러시아 등지에 사용자가 있지만 그 수는 극히 한정되어 있다.

이디시어는 게르만어파에 속하며 중세 독일어의 여러 방언을 바탕으로 히브리어와 슬라브어가 섞여 생겨났다. 교재용 테이프를 들어 보면 독일어와 굉장히 비슷해 아침 인사를 '구트 모르근'이라 할 만큼 꼭 닮았다. 다만 문자는 히브리문자라서 기분이 묘하다.

대학원생 시절 통역 아르바이트로 러시아 극동의 비로비잔이라는 도시를 방문했다. 이곳은 구소련 스탈린 시대에 건설된 유대인 자치주의 주청 소재지다. 하지만 시베리아 동쪽의 이런 외진 곳까지 유대인이 오고 싶어 할 리 없기에 유대인 인구는 지금도 적다.

그래도 이디시어 출판물을 찾으려고 동네 서점을 여기저기 돌아다니다가 딱 한 군데 특별 코너를 마련해 놓은 곳을 발견했다. 기쁜 마음에 소설책이며 시집이며 많이 사들였는데 아직껏 글자조차 못 읽는다.

이탈리아어

이탈리아어는 1990년대 이후 일본에서 상황이 급변한 언어다. 그때까지 일본은 이상하리만큼 이탈리아어에 관심이 없었다. 그러다가 NHK에서 이탈리아어 강좌를 방송하기 시작한 즈음부터 순식간에 이탈리아어 열풍이 불어 지금은 러시아어는 물론이고 독일어나 스페인어보다 더 많이 배우는 것 같은 느낌마저 든다.

이탈리아어는 쉽다고들 한다. 많은 언어가 어렵다는 누명을 쓰고 있는 데 비해 부러울 만큼 좋은 조건이다. 다만 공부해 보면 알겠지만 이탈리아어도 그리 쉽지만은 않다. 동사 활용은 성가시고 관사도 있다. 발음은 일본어 사용자에게 비교적 쉽지만 그래도 '비교적'일 뿐이다. 이를테면 납작한 파스타인 '탈리아텔레'의 '리'는 혀의 한가운데를 입천장에 붙여서 발음하는데, '랴'가 '야'에 가까워지는 소리인 셈이다. 어쨌든 제대로 발음하려면 조금 힘들다. 편한 외국어란 없다.

그래도 이탈리아어는 사랑받는다.

그 이유야 자명하다. 맛있는 음식, 아름다운 풍경, 밝은 성품. 언어 공부만 해도 그렇다. 해외여행에서 이탈리아어를 할 줄 알면 즐거울 것이라는 생각에서 대부분의 학습 동기가 생긴다.

반면 문학작품을 읽고 싶다는 희망은 별로 듣지 못해서 아쉽다. 단테까지는 아니더라도 이탈로 칼비노나 나탈리아 긴츠부르그 등을 즐기고 싶다는 목표는 어떨까. 나는 이 두 작가가 좋아서 언젠가 이탈리아어로 읽겠다는 바람으로 책을 사 두었다.

이탈리아어를 배운다면 회화를 목표로 삼는 게 당연할지도 모른다. 그도 그럴 것이 누구나 싱글벙글 말을 걸어 주는 이탈리아는 외국어 초보자에게 천국처럼 즐거운 곳이다.

나도 이탈리아를 여행하면서 실감했다. 나의 서투른 이탈리아어에 싫은 내색이라고는 전혀 없이 열심히 귀를 기울여 준다. 언젠가 레스토랑에서 메뉴를 잘 몰라 웨이터에게 물어봤더니 나를 주방까지 안내해 요리를 보여 주었다. 말을 넘어서는 무언가가 이탈리아에는 있다.

외국어를 배울 때마다 그런 체험을 하기는 어렵겠지만.

아시아는 좋아하지만 해양 문화에 흥미가 없는 나에게 인도네시아어는 머나먼 언어다. 정서법은 너무나도 밋밋해서 라틴문자에 아무런 부속 기호도 없다. 동사 변화나 격변화가 없는 인도네시아어를 보고 있자면 동사든 명사든 형용사든 끊임없이 모양을 바꾸는 유럽계 언어와 사귀고 있는 나는 오히려 맥이 빠져 버린다.

하지만 어느 언어나 복잡한 구석은 있다. 후리하타 마사시가 쓴 『인도네시아어의 얼개』를 읽으면 언어의 배열 방법이 얼마나 중요한지 알 수 있다. 과연 어순이 생명인가.

인도네시아어 하면 유명한 화법이 두 개 있다. 먼저 복수를 나타낼 때 같은 말을 되풀이한다는 것인데 '오랑'이 '사람'이므로 '사람들'은 '오랑오랑'이 된다. 물론 이게 전부는 아니다.

다른 하나는 1인칭 복수 대명사가 포함형과 배제형으로 나뉜다는 것이다. 같은 '우리'라도 '키타'는 상대를 포함한 '우리' 즉 포함형인데 비해 '카미'는 상대를 포함하지 않는 '우리'로 배제형이다. 따라서 후자는 일본어의 '데마에도모'(저희)*와 비슷한데 유럽어에는 없는 특징이다.

그래도 인도네시아어는 쉽다고들 여긴다. 열심히 연구하는 사람 입장에서는 마음에 안 들지 않을까. 하지만 오히려 쉽다는 점을 강조해서 널리 퍼뜨리면 더 좋을 것도 같다. 어렵다는 꼬리표가 붙은 언어를 파고드는 사람들은 그런 생각을 하게 된다.

의외의 곳에서 친숙하기도 하다. 초등학교 음악 시간에 배웠던 「귀여운 저 아가씨는 누구의 님일까?」가 바로 인도네시아 노래다. 앞서 말한 『인도네시아어의 얼개』에 노랫말이 소개되어 있다. 주문을 외듯 '노나 마니스 시아파 양 푸냐'라고 부르던 노래가 그립다.

이렇게 인도네시아와 그 언어가 매력적인데 쓰나미 등 자연재해나 비행기 사고 탓에 관광객이나 어학연수자의 발길이 뜸해진다면 참으로 안타까울 것이다. 언어 인구 1억 명이 넘는 세계 유수의 언어인 인도네시아어가 좀 더 주목받으면 좋을 텐데.

---

* 한국어도 화자와 청자를 포함하는 '우리'와 상대를 높이며 배제하는 '저희'로 구별하는 면모가 비슷하다.

1980년대 말에 러시아어 통역사로 사할린 섬을 방문했다. 관광객을 데리고 시내를 걷다 보면 놀랍게도 현지인이 일본어로 종종 말을 건넨다. 그런데 러시아인이 아니다. 겉모습은 우리와 다를 바 없지만 일본인도 아니다.

이들은 사할린 거주 한인이었다. 제2차 세계대전이 끝나고 일본인이 철수한 뒤에 사할린에는 다수의 한인이 남았다. 전시에 일본어로 교육을 받은 세대다. 강요당한 셈이다. 일본과 일본어에 별로 안 좋은 인상을 갖고 있지 않을까. 나는 그런 식으로 상상했다.

그런데 적어도 내가 사할린에서 만난 사람들은 달랐다. 당시에는 아직 드물었던 일본인 관광객이 눈에 띄면 기뻐서 일본어로 말을 붙였다.

"아니, 일본 분이시군요. 반가워요."

"라디오에서 들었는데 미소라 히바리** 씨가 돌아가셨다니 정말 안타깝습니다."

우리 부모 세대와 이야기하는 것과 다르지 않다.

시장에 나가도 한인이 많다. 이들은 채소나 과일 외에 손수 만든 김치도 비닐봉지에 담아 판다. 이것을 사

** 일본의 가수이자 배우다.

서 집으로 돌아가 밤에 맥주 안주로 먹으면 분명 맛있을 거다. 나는 러시아어로 말을 건다.

"아저씨, 이 김치 한 봉지에 얼마예요?"

그러자 그쪽에서 휙 일본어로 바꾼다.

"어라, 일본인입니까? 신기하네요."

나도 일본어로 말한다. "음, 아저씨, 김치는 얼마예요?" "아, 그냥 가져가세요." "그럴 수는 없죠. 얼마예요?" "그렇습니까, 그럼 2엔 80센만 주세요."

순간 무슨 말인지 못 알아들었다. 차분히 생각하고 다시 러시아어로 묻는다.

"그러니까 2루블 80코페이카라는 말씀이죠?"

그러자 아저씨는 역시 일본어로 "그렇습니다. 2엔 80센"이라고 대답한다. 아무래도 사할린의 일본어로 루블을 엔, 코페이카를 센이라 부르는 모양이다.

외국에서 미지의 일본어를 만나는, 실로 진귀한 경험을 했다.

자, 이제 좀 곤란하다. 본격적으로 아무것도 모르는 언어가 주제로 나와 버렸다.

자바라고 해도 머리에 떠오르는 것은 카레 정도다. 자바 카레*라는 단어 결합을 처음 들었을 때는 어린 아이인 내게도 강렬하게 다가왔다. 하지만 이래서는 자바어 이야기로 이어 가기 어렵겠다.

영어로 자바어를 Javanese라고 한다. 일본어를 일컫는 Japanese와 매우 비슷해서 헷갈리기 쉽다. 하지만 자바어는 오스트로네시아어족으로 인도네시아어와 가까울 뿐 일본어와는 무관하다.

그럼 이제 앞으로 어떻게 이어 나갈 것인가.

그렇다. 언어학 개설서에서 자바어는 경어법이 발달했다는 내용을 읽은 적이 있다. 살펴보니 그 말이 맞으며, 문체에 보통체, 경어체, 그 중간체가 있음을 알게 됐다. 게다가 어휘에도 존경어나 겸양어가 있다고 한다. 일본어의 특징으로 경어를 꼽는 사람이 있는데, 뛰는 놈 위에 나는 놈 있구나.

자바어는 결코 소수 언어가 아니다. 언어 인구(언어

---

* 일본의 인스턴트식품 상표 '자바 카레'를 가리킨다.

학 맛보기 04 참조)가 7000만 명이 넘는다. 러시아어 이외의 슬라브어 인구와 비교해도 압도적으로 많지 않은가.

게다가 독자적인 문자가 있다. 바로 카위문자인데, 『라마야나』나 『마하바라다』처럼 이와나미 문고에 들어갈 정도로 유명한 인도 서사시가 고대 자바어로 번안되어 당시 남인도계의 이 카위문자로 쓰였다고 한다. 지금은 라틴문자화가 진행되어 이 멋진 문자의 사용은 극단적으로 줄었다. 그래도 슬라브족의 글라골문자가 완전히 사라진 것과 비교하면 설령 줄었더라도 사용은 하고 있으니 충분히 대단한 일이다. 카위문자 신문 같은 건 없을까.

이렇게 대단한 자바어가 인도네시아 공용어가 되지 못한 까닭으로 앞서 말한 경어법을 꼽는 연구자도 있다. 하나의 의미를 가리키는 어휘가 문체적으로 다양하다 보니 다민족국가의 공통어로 쓰기엔 번거롭다는 지적이다. 젊은 세대의 자바어 이탈도 실제로 진행되고 있다고 한다.

경어법만 강조하면 젊은 세대의 외면을 받는다. 과연 그렇다. 늙은이가 허세를 부리는 무기로 높임말을 휘두르는 것은 어느 언어든 비겁하지.

구소련의 와인이라면 레드는 무쿠자니, 화이트는 치난 달리다. 둘 다 러시아가 아니고 조지아산이다. 도쿄의 아자부주반에서 이 와인을 파는 가게를 발견하고부터 특히 좋아하는 치난달리를 사러 가끔 나간다.

　라벨에는 라틴문자와 키릴문자에 조지아어 문자 아홉 글자ᬓᬒᬜᬒᬜᬔᬓᬒᬜᬒ가 겨우살이 덩굴 문양 같은 꼴로 늘어서 있다. 물론 전혀 읽지 못한다. 하지만 라틴문자 와 대응시키면 TS-I-N-A-N-D-A-L-I가 될 것이라고 추리 할 수 있다. 그렇게 가정하고 조지아어 문자의 형태를 비교해 보면 둘째와 아홉째, 셋째와 다섯째, 넷째와 일 곱째가 같지 않은가. 그렇다면 순서대로 I, N, A를 나타 내는 것이다. 「춤추는 인형」의 셜록 홈스 같은 추리다.

　조지아어 문자는 대문자와 소문자의 구별이 없어 서 쉽고 아름답다. 구소련 시절 조지아 영화 『피로스마 니』를 보면 주인공인 화가 피로스마니가 가난에 허덕이 면서 생활을 꾸리려고 상점 간판을 하나하나 그리는 장 면이 나오는데, 그 특이한 문자가 묘하게 기억에 남는다.

　조지아어는 글자보다 문법이 훨씬 벅차다. 특히 능

격 구문이 유명한데 설명하기가 참 까다롭다. 목적어가 필요 없는 자동사 문장의 주어 형태와 목적어가 필요한 타동사 문장의 목적어 형태가 같아지고 타동사 문장의 주어가 능격이라는 또 다른 격이 되는데, 이런 설명을 바로 알아듣기는 매우 힘들 것이다. 에세이로 쓰기에는 무리가 있다. 그 밖에도 동사의 변화형 중에 주어와 목적어의 인칭을 나타내는 표지가 붙는 것이 있는 등 어쨌든 익히기 번거로운 언어다.

하지만 습득 불가능한 언어는 없다. 체코에서 출간된 『조지아어의 기초』라는 체코어로 된 입문서 머리말을 읽어 보니 상당히 복잡해 보이는 조지아어라도 얼마든지 외울 수 있다고 한다. 조지아* 사람이라고 해서 우리보다 머리가 크지는 않다는 게 그 증거라는 말이 흥미롭다. 지노 에이이치 선생의 『외국어 잘하는 법』에도 이 말이 인용되어 있는데, 나도 이 문장을 좋아해서 이 입문서를 사고 말았다.

---

* 한국에서는 2010년 이전까지 조지아의 공식 국호 사카르트벨로(საქართველო)의 러시아어 명칭인 그루지야(Грузия)로 부르다가 이후부터 라틴어 명칭 게오르기아(Georgia)의 영어 발음에 따른 '조지아'로 표기하고 있다. 일본도 그렇게 바꿨다.

이사카 고타로의 작품이 너무 좋아서 거의 모든 작품을 쭉 훑고 있다. 그의 스타일리시한 문체를 동경한다. 흠뻑 빠져서 때로는 따라 써 보기도 하지만 알아주는 사람은 편집자를 포함해 아무도 없다.

그의 대표작 『집오리와 들오리의 코인로커』는 영화로 만들어지기도 했다. 이 작품에는 부탄에서 온 도르지라는 유학생이 등장한다. 흔치 않은 설정이지만 심지어 부탄인의 모어가 종카어라는 얘기도 나온다.

> "숫자 세기도 굉장히 비슷해." 가와사키가
> 집게손가락을 세운다. "일본어는 이치, 니, 산인데,
> 종카어는 치, 니, 슴…… 얼굴도 별로 다르지 않잖아.
> 아마 우리말을 자연스럽게 흡수할 거야."**

'부탄어'가 아니라 '종카어'다. 국명과 언어 이름이 일치하지 않는 예는 얼마든지 있지만 이를 깨닫지 못하는 둔감한 작가도 적지 않다. 제멋대로 '체코슬로바키아어'라든가 '소련어'라는 식으로 신뢰할 수 없는 언어 이

** 이사카 고타로, 오유리 옮김, 『집오리와 들오리의 코인로커』, 현대문학, 2014.

름을 아무렇지도 않게 쓰는 사람도 있었다.

이제 종카어를 알아봐야겠는데, 부탄왕국의 공용어인 것은 알지만 그 이외에는 전혀 무지하다. 역시 셈씨부터 이야기해 보자.

> 게다가 그 (셈씨) 발음은 일본어와 비슷하지도
> 않습니다. 수를 세는 부탄인이 '치, 니, 슴, 지'라고
> 하는 소리를 듣고 놀라는 일본인이 적지 않은 것도 그
> 때문입니다.*

그렇다면 그것만으로는 원류 운운할 수 없다. 게다가 종카어에서는 '예순'을 '스물이 세 개'라 일컫는다고 한다. 이는 20진법이 전통이었음을 보여 준다. 티베트의 입김이 강한 이 나라에도 재미있는 독자성이 있음을 알게 됐다. 이사카 고타로는 부탄에 간 적이 있는 것 같지만 그래도 종카어까지 꼼꼼히 체크하다니 더욱 흠모한다.

---

* 시바타 다케시 엮음, 『세계의 언어 소사전』, 다이슈칸쇼텐, 1993.

알고 지내던 중국어 선생님은 학창 시절 중국어를 발음하는 게 기분 좋아서 열심히 공부했다고 한다. 발상이 멋지다.

　　중국어에 성조가 있다는 것은 최근에 더더욱 많이 알려졌다. 일본어도 도쿄 방언의 경우 '감'과 '굴'을 뜻하는 '가키'에 악센트의 차이가 있지만 성조와는 조금 다르다. '가키'의 경우 첫째와 둘째 음절 가운데 어느 쪽이 높고 낮은지 비교하는데, 중국어 성조는 예를 들어 '마'라는 소리가 올라가느냐 내려가느냐로 의미가 달라지는 것이다. 표준어는 이 오르내리는 패턴이 네 가지라 사성이라고 한다. 그 밖에도 권설음이나 설치음처럼 한 번 듣기만 해도 따라 해 보고 싶을 만큼 멋진 소리가 가득하다.

　　나도 CD를 들으며 중국어 발음 연습을 해 봤다. 과연 이렇게 하니 기분이 좋다. 여태껏 내지 못했던 소리를 내는 것이 이렇게 즐거운 일인가. 입에서 여느 때와 다른 멜로디가 흘러나온다. 도대체 어떤 소리인지 소개하고 싶은데 가나 표기로는 전할 수가 없다.

중국어 열풍은 갈수록 거세지고 있다. 제2외국어로 중국어를 선택하는 학생이 절반을 넘는 대학도 드물지 않다. 이 사람 저 사람 다 하면 어떻게 될까 생각도 해 보지만 중국어를 하는 것은 물론 좋다. 유럽 여러 언어나 일본어와 다른 소리나 문법을 접하는 것은 언어에 대한 감성을 풍부하게 해 준다.

그러나 세간에서 중국어를 환영하는 이유는 따로 있다. 시장이라든가 경제성장률이라든가, 내가 태어나서 한 번도 흥미를 느낀 적이 없는 분야에서 기대치가 높기 때문이다.

그래 뭐, 뭐든지 좋다. 누구든 외국어 학습을 추천해 준다면 고마운 일이다.

그런데 신기하게도 중국의 장래성을 기대하고 중국어 학습을 추천하는 사람은 스스로 공부하지 않는 경우가 많다. 해 본 적도 없으면서 어떻게 남에게 권할 수 있을까? 좋다고 생각한다면 우선 스스로 공부해 보는 게 좋을 텐데.

자기는 사지 않는 주식을 남에게 권하는 사람은 신용할 수 없듯이 몸소 공부하지도 않고 중국어를 추천하는 사람이라면 아무쪼록 주의하는 것이 좋다.

외국어와의 만남은 어떤 경우든 우연이 크게 좌우하는
데, 특히 체코어는 이렇게까지 깊이 들어가리라고는 꿈
에도 생각하지 못했던 언어다.

　　슬라브어 연구가를 목표로 하는 이상 동슬라브, 남
슬라브, 서슬라브 어군을 골고루 학습해야 한다는 조언
을 진지하게 받아들여 학창 시절에 동슬라브어로는 러
시아어, 남슬라브어로는 세르비아어를 배웠다. 다음은
서슬라브어 차례였는데 그때 체코어를 골랐다. 체코어
강좌가 열렸다는 사실을 우연히 알게 되기도 했고 언어
학자 C 선생에게 배우고 싶기도 했다. 하지만 나중에 체
코어 선생이 배우자가 되리라고는 그 무렵엔 상상조차
하지 못했다.

　　배우자가 체코어 선생이라면 역시 현지로 나가는
일이 잦아진다. 우리 집은 해외에 부부가 함께 나가는
것이 기본이고, 게다가 나는 '무서운 선생님'이 언제나
따라다니기 때문에 마음을 놓을 수 없다.

　　최근 몇 년 사이 체코는 일본에서도 인기 관광지가
되었다. 세련된 패션잡지도 1년에 한두 번은 체코 특집

을 편성한다. 『추크르』*라는 체코 전문 정보지가 나오기도 했다. 그런 것까지 부지런히 챙겨 볼 만큼 이제는 체코가 좋다.

관광 이외에도 체코어의 매력은 많다. 체코어를 할 수 있으면 아름답고 재미있는 책을 읽을 수 있고 맛있는 '피보', 즉 맥주도 주문할 수 있다. 게다가 슬라브어학에서 체코어를 빼놓을 수 없다는 게 내 신념이다.

체코어는 좀처럼 방심할 수 없는 언어로 다른 슬라브어에서 제멋대로 유추하다가는 낭패를 보기 십상이다. 특히 어미변화에 주의를 기울여야 한다. 한때 빈사상태였던 체코어가 근대에 들어와 표준어로 재구성될 때 채택한 형태가 매우 독특하다. 아내가 출제한 체코어 기말고사의 교정을 보다가도 아직 철자를 잘 모르는 나는 어미가 불안해 사전을 찾아 몰래 확인하곤 한다.

아마도 러시아어와 가장 닮지 않은 슬라브어가 체코어일 것이다. 내 고생은 평생 간다. 그래도 사귀어 갈 것이다.

---

* 체코어로 '설탕'이라는 뜻이다.

아내가 책을 찾는 걸 도와주느라 책장을 죽 훑어보는데 엉뚱한 책이 눈에 띄었다. 『Kaszëbsczé abecadło』라는 어린이용 카슈브어 알파벳 입문서였다. 사 놓고 읽지는 않았다. 침대에 드러누워 책장을 넘긴다.

　카슈브어는 폴란드 북부, 이전에는 바웬사가 이끄는 자유노조 '연대'로 유명했던 그단스크의 서쪽 지방에서 사용한다. 그러나 이 언어가 독립된 언어인지 폴란드어 방언인지는 시대에 따라 평가가 다르다. 『언어학 대사전』에는 "폴란드어와 너무 달라서 일찍이 독립적 언어로 취급된 적이 있다. 그러나 현재는 폴란드어의 방언으로 간주되어 독립적 언어로 취급하지 않는다"라고 되어 있다. 다만 이는 1989년에 기술된 내용이고, 지금은 다시 독립된 언어로 여기는 쪽이 우세하다.

　『Kaszëbsczé abecadło』는 2003년 그단스크에서 발행되었다. A4 사이즈에 160쪽이 넘고 컬러 인쇄물인 데다 종이의 질도 좋아서 무겁다. 문자와 발음 설명은 없지만 일러스트가 가득하고 텍스트도 많다. 예를 들면 7페이지는 이런 식이다.

— Na zdar!

— Witôjze! Dobri dzéń!

— Jô jem Remùs, a të?

모르는 독자에게는 미안하지만 폴란드어를 알면 무슨 말인지 대충 짐작할 수 있다. 과연 닮았다. 그렇다 해도 읽기가 힘들다. 왜 그럴까?

부속 기호가 너무 많다. 예를 들어 셋째 문장에서 Jô의 o 위에는 프랑스어 악상 시르콩플렉스, Remùs의 u에는 악상 그라브, të의 e에는 독일어 움라우트와 비슷한 기호가 붙는다. 너무 많아서 눈이 피곤하다. 세세한 차이를 나타내기 위해서라고 해도 과연 얼마나 실용적일까.

아무튼 철자가 다르기 때문에 다른 언어로 느껴지는 것 또한 사실이다. 책을 다 찾은 아내에게 의견을 물어보자.

언어연합

언어의 변화는 비교언어학만으로 설명되지 않는다. 언어는 계통 이외에도 다양한 요인으로 변화를 겪는다. 때로는 '이웃'으로부터 영향을 받는다고 여겨지기도 한다.

유명한 사례가 발칸반도다. 알바니아어, 불가리아어, 마케도니아어, 루마니아어 등은 오랜 접촉 끝에 후치 정관사를 공통으로 갖게 됐다.*

뭐야, 그래 봐야 다 인도유럽어족이잖아. 어차피 멀어도 친척이겠고.

그러나 그러한 관계에 의한 유사성과는 조금 다르다. 그 증거로 루마니아어 이외의 로망스어에는 후치 정관사가 없으며 불가리아어와 마케도니아어 이외의 슬라브어에도 없다. 인접한 이 지역의 언어군만 이러한 공통된 특징이 있는 것이다. 이를 언어연합 또는 언어동맹이라고 한다.

언어연합은 언어학자 니콜라이 트루베츠코이가 제창했다. 같은 계통에서 보이는 음운 대응이나 격변화 또는 동사 변화 어미의 형태가 일치하지는 않으나 문법이나 음운은 비슷한 언어군은 어족과 별개가 아닌가 하는 것이다. 트루베츠코이가

---

* 그리스어도 발칸언어연합에 속하며, 여기서 언급된 것과는 다른 특질을 발칸반도 언어들과 공유한다.

이 설을 발표한 때가 1928년이다. 슬슬 비교언어학 붐도
일단락되고 그 이외의 관계도 생각하게 되었던 것일까.

일찍이 발칸언어연합에 관한 전문가의 강연을 들은
적이 있는데 매우 어려웠다. 영어 강연이라 그렇기도 했지만
나의 언어 지식이 따라가지 못했다. 내가 짐작할 수 있는
것은 불가리아어와 마케도니아어 정도이고 알바니아어나
그리스어는 더더욱 모른다. 원래 루마니아어 외에
아루마니아어라는 언어가 있다는 것을 그때 비로소 알았다.
이것은 웬만한 수재가 아니면 추구할 수 없는 것 아닌가.

다만 언어연합은 발칸반도에만 있는 것이 아니다. 인도
남부 쿠프와르언어연합의 경우 인도아리아계 우르두어와
마라티어에 계통이 전혀 다른 드라비다어족인 칸나다어와
텔루구어까지 더해져 이런 현상을 일으킨다. 이것이야말로
'이웃의 힘'인 것이다.

모든 것을 친족 관계만으로 설명할 수는 없다. 이건 인간도
마찬가지다.

과거에는 태어나고 자란 촌락 공동체에서 한 발짝도
나가지 않고 생활하던 시절도 있었다. 물론 지금은
다르다. 계산할 수 있을지 모르겠지만 수명이 늘어난 것을
차치하더라도 인간이 평생 만나는 사람 수는 늘고 있지 않을까
상상한다.

그런데 반대로 이웃 사람 얼굴조차 모르는 이도 늘고 있다고 한다. 그렇다 보니 특히 도시는 그저 인사나 나누는 정도다. 이래서 너무 삭막하다고 느끼는 사람도 있다고 한다.

나는 도쿄 중심부에 사는데 아파트 이웃이 어떤 사람인지는 아는 바가 없다. 원래 이웃집은 세무사 사무실이라 거주자와는 조금 다르다. 확정신고 시기에는 사람이 많이 드나들어 평소보다 바빠 보인다. 그렇다고 신고서 쓰는 법을 배우지는 않는다. 만나면 "안녕하세요"라고 하는 정도다. 그게 편안하다.

이웃 사람뿐만 아니라 친척과도 거의 왕래하지 않는다. 조카도 거의 만난 적이 없다. 관혼상제로 불려 가는 일도 드물고 부모조차 한 해에 한 번 만날까 말까다. 전형적인 불효자식이다.

언어에 관해서도 같은 얘기를 할 수 있지 않을까. 정보가 지구적으로 날아다니는 시대다. '친척'이나 '지역'에서만 영향을 받을 리 없다. 언어가 변화하는 패턴은 더욱 새로운 현상을 보일 것으로 예상된다.

'친척'이나 '지역'으로부터 영향을 받지 않는 언어가 있어도 괜찮겠다. 적어도 불효자식이라는 소리를 듣거나 마을에서 따돌림을 당하지는 않을 테니까.

언어지도

어떤 지역에서 사용하는 언어의 발음이나 어휘, 경우에 따라 문법 등의 차이를 지도에 나타낸 것. 보통은 방언 조사 결과 등을 정리하는 데 이용한다.

그다지 전문적이지는 않지만 예를 들어 영어가 어디서 쓰이는지, 프랑스어나 스페인어는 어떤지 등을 세계지도에 나타낸 것도 있다. 대부분 여러 가지 색깔로 구분해 놓아 언어의 분포가 일목요연하게 눈에 들어온다.

그래서 위험하다.

예를 들면 라틴아메리카가 그렇다. 멕시코 이남은 브라질을 제외하고 스페인어 색깔로 칠해 놨는데 그걸로 괜찮을까. 가이아나의 영어나 수리남의 네덜란드어가 깨끗이 사라져 버리는 셈이고, 이래서는 애초에 원주민 언어를 표현할 수 없다. 러시아나 중국 아니 세계의 어느 곳이라도 공용어나 주요 언어만 표시하면 이와 마찬가지 아니겠는가.

대강만 알면 된다고들 한다. 하지만 그 '대강'이 복잡한 세계를 단순화해 소수를 잘라 버리는 사상을 키운다. 그것이 나는 걱정된다.

중앙아시아 사람들의 눈에 나는 카자흐인과 닮은 모양
이다. 특히 우즈베크인이 보기에. 물론 카자흐인한테서
도 그런 평가를 받는다. 중앙아시아 사람은 다 같은 아
시아 얼굴이 아닌가 생각하면 오산이다. 그들도 나름대
로 구별을 한다.

카자흐스탄에 가 본 적은 없지만 얼굴이 닮았다는
말을 들으면 왠지 가 보고 싶은 마음이 생긴다. 그건 차
치하고라도 카자흐스탄이 어떤 나라인지 전혀 모르는
자신에게 놀란다. 더욱이 카자흐어는 키릴문자를 사용
하지만 튀르크어파라서 전혀 모른다.

러시아어로 된 극히 간단한 입문서를 들여다봤
다. 『카자흐어 하실래요?』 엽서 크기의 작은 책이다. 딱
112쪽으로 얄팍한데 발행 부수는 무려 50만 부다. 설명
이 러시아어로 되어 있어 더듬더듬 읽어 보았는데 어휘
가 전혀 달랐다. '고맙습니다'라는 뜻의 '라크메트'에서
'크'는 목구멍 깊은 곳에서 소리를 짜내는 것이 포인트
인 것 같다. 역시 소리를 듣고 싶다.

그런데 카자흐인이 카자흐스탄에만 사는 것은 아

니다. 구소련 전역에 널리 퍼져 있고 특히 시베리아는 지리적으로 가깝기도 해서 마을의 재래시장 등에서 카자흐인을 쉽게 볼 수 있다. 그렇다. 시베리아 사람들도 내가 카자흐인을 닮았다고 입을 모은다. 이쯤 되면 우리 조상 중에 카자흐인이 있었음을 확신하게 된다.

그래서 대학생 시절 러시아어 관광가이드를 하다가 이르쿠츠크에서 온 사람 중에 돌아가신 할머니를 꼭 닮은 카자흐인을 발견하고도 별로 놀라지 않았다. 둥근 얼굴에 통통하고 살갗이 희고 눈매가 가늘다. 느긋한 말투까지 닮았다. 내가 담당한 그룹은 아니었지만 어쩌다 친해져서 나의 할머니를 닮았다고 털어놓자 몹시 기뻐하더니 그 뒤로 나를 '손자야'라고 불렀다.

그룹이 귀국하기 전 그 할머니에게 작은 선물을 주며 고향에서는 무슨 일을 하느냐고 물었더니 대학 교수라고 해서 깜짝 놀랐다.

다자와 고의 『카탈루냐 문답 50개』는 정말 재미있다. 도서관에서 한번 빌렸다가 나중에 한번 더 읽고 싶어 찾았지만 이미 절판됐다. 인터넷 헌책방에서 구할 때까지 많이 찾아다녔다.

　카탈루냐어(혹은 카탈로니아어)는 스페인의 언어다. 이 얘기를 할 때 아무래도 피해 갈 수 없는 것이 카스티야어*다. 말하자면 카스티야어가 스페인어이지만 카탈루냐어도 스페인의 언어임에는 틀림없다. 그래서 헷갈리지 않도록 스페인어가 아닌 카스티야어라는 명칭을 사용한다. 카탈루냐어와 카탈로니아어와 카스티야어와 스페인어라니, 언어 명칭(언어학 맛보기 2 참조)이 참 까다롭다.

　카스티야부터 알면 좋지만 그곳을 잘 몰라도 카탈루냐를 소개하는 이 책을 충분히 즐길 수 있다. 문답 가운데는 언어에 관한 것이 당연히 많지만, 그 외에 「카탈루냐어는 이런 말」이라는 칼럼도 있다. 카탈루냐어의 구체적인 예를 들면서 카스티야어나 프랑스어와의 차이점과 공통점을 설명한 글이다.

---

* 스페인 수도 마드리드가 있는 카스티야 지방의 언어라는 뜻이다.

예를 들어 카탈루냐어는 이름에 정관사가 붙는다. 그냥 '마리아'Maria가 아니라 '라 마리아'la Maria다. 카스티야어도 경칭을 수반하는 성씨에는 관사가 붙지만 이름에는 붙지 않는데, 붙이면 촌스러운 느낌이 든다고 한다. 그렇지만 카탈루냐어에서는 친숙한 용법이다.

또 2인칭 대명사에 낮춤(동등하거나 친한 사이에 씀)과 높임(서먹한 사이끼리 또는 높은 사람에게 씀)의 중간이 있다. 반말을 쓰기엔 무례한 듯하고 존칭을 쓰기엔 어색할 때 참 편리하다.* 이처럼 인근 로망스어와 다른 특징이 다양하며 언어학적으로도 흥미롭다.

카스티야어와 카탈루냐어는 러시아어와 우크라이나어의 관계와 비슷한 것 같다. 한쪽이 압도적으로 유명하고 영향력이 있지만 다른 쪽도 문화나 경제에서 결코 밀리지 않는다. 이 책을 흉내 내어 러시아어로 우크라이나어를 소개하는 책을 만들 수 있지 않을까. 그런 계획을 하면서 되풀이해 읽고 있다.

『카탈루냐 문답 50개』가 출간된 1992년은 바르셀로나 올림픽이 개최된 해다. 이런 매력적인 문화를 가진 카탈루냐인데도 행사만 지나면 다들 금세 잊어버리는 게 아쉽다.

---

* 다른 로망스어와 달리 tu, vostè, vós 세 가지가 있는데 vós 는 이제 다소 예스러운 말이 되었다.

늘 들고 다니는 열쇠 뭉치에 캄보디아 문자를 디자인한 열쇠고리가 달려 있다. 코코넛 껍데기로 만든 이 열쇠고리는 가늘고 길쭉하며 위가 조금 구부러져 있고 아래는 돌돌 말려 있다. 뭐라고 설명하기 어려운 형태인데, 내 이름 류노스케의 이니셜인 R과 같은 발음인 캄보디아 문자 ♪을 닮은 것 같다.

이 열쇠고리는 도쿄외국어대학 캄보디아어 선생님에게 선물받은 것이다. 어떤 계기로 나는 캄보디아어 전공 학생을 대상으로 1년에 한 번 언어학 강연을 하게 되었는데 그 답례로 받은 물건이다.

작은 언어를 전공하는 대학생을 보면 드는 생각인데, 만 18세 정도의 일본인이 어느 정도의 지식을 가지고 캄보디아어를 전공하겠다는 마음을 먹었을까?

학생들에게 물어보면 거의 아무것도 몰랐다는 답이 많다. 으레 그럴지도 모른다. 그중에는 입학하고 나서야 독특한 캄보디아 문자가 있다는 것을 알고 깜짝 놀랐다는 학생도 있었다. 이런 사실엔 나도 깜짝 놀라긴 했다. 그래도 서서히 캄보디아어를 할 수 있게 된다.

** '크메르어'라고도 부른다.

그런 그들을 상대로 으스대듯이 강연을 하는 나도 사실 캄보디아어에 관한 지식은 전혀 없다. 개설서를 읽고 얻은 정보는 문자가 독특하다는 점, 의미 구분을 위한 성조가 없다는 점, 어순이 중요하다는 점 정도다.

캄보디아어 교재 CD를 찾아내 눈을 감고 귀를 기울였다. 성조는 없어도 멜로디는 독특한 느낌이 든다. '크놈'이라는 소리가 귀에 남아서 나중에 텍스트를 보니 '나'라는 뜻이다. 내가 아는 유일한 캄보디아어다.

캄보디아어는 몰라도 캄보디아어를 공부하는 젊은 이들에게 성원을 보내고 싶다. 그런 생각으로 강연에 나서기로 했다. 캄보디아어를 배운다는 것은 참 멋지다. 외국어를 하는 것은 재미나는 일이다. 나는 그렇게 믿는다. 하지만 대다수의 사람들은 아무래도 상관없다고 생각한다. 그게 참 안타깝다.

지면 안 된다. 나는 언제나 캄보디아 문자 열쇠고리를 주머니에 넣고 다니면서 '작은' 언어를 배우는 사람들을 응원하고자 오늘도 외국어 이야기를 쓴다.

어느새 코사어 홍보맨이 되어 버렸다.

계기는 언어학 수업이었다. 음성학 이야기를 하는 김에 딸깍 또는 똑딱 소리를 내며 혀를 차는 흡착음이나 공기를 입안에서 막았다 '팍' 내뱉는 방출음을 들려주고자 『세계 언어 여행 – 지구상 80개 언어 카탈로그(CD북)』를 체크하며 찾아봤다. 그러다 남아프리카공화국에서 사용하는 코사어라는 언어에 마침 두 가지 소리가 다 있다는 걸 알게 되었고, 게다가 멋지게 '펑' 터지는 울림이 재미있어 써먹어 보기로 했다.

수업 후 이 소리를 다시 듣고 싶다는 학생이 속출했는데 참 반갑고도 놀라운 일이었다. 심지어 동료 영어 선생까지 "저기요, 코사어 좀 들려주세요"라며 내 연구실에 들렀다. 그리고 "아니, 이렇게 대단한 언어가 다 있다니. 아, 그것에 비하면 영어는 참……"이라는 소감을 매번 흘리고 한숨을 쉬며 돌아갔다. 한숨까지 쉴 일은 아닐 텐데. 아무래도 이런 소리를 내기까지는 시간이 걸릴 테니까.

이후 음성학을 언급할 때는 반드시 코사어를 들려

주고 그 일을 책에 쓰기도 했다.

그로부터 얼마 후, Teach Yourself라는 외국어 독학 교재 시리즈에 코사어가 들어갔다. 물론 음성 교재를 바로 샀다. 여기에는 흡착음이 가득한 노래가 실린 테이프/CD도 포함되어 있어 강연회 등에서 사용하고 있다.

여태까지 소리만 살펴봤지만 코사어는 명사 부류, 즉 문법 범주가 열세 개 또는 열다섯 개나 된다. 명사 부류는 명사 변화에 따른 분류 범주다. 예컨대 독일어 명사는 남성, 여성, 중성 세 가지로 문법적 성이 나뉘는데, 그러한 부류가 열세 개 내지 열다섯 개나 있다는 말이다. 역시 명사의 구별이 많기로 유명한 반투어군이다.

언어학에서 중요한 것은 넓은 시야로 언어를 바라보는 것이다. 일본어와 영어가 중심이고 거기에 겨우 구미나 아시아의 언어가 두세 개 추가될 뿐인데, 그것만으로 세상사를 헤아린다는 것은 처음부터 틀려먹은 일이다. 그럴 때 코사어를 들으면 좋다. 언어를 바라보며 겸허해질 수 있다.

나의 외국어 학습 이력에서 가장 미묘한 위치에 있는 것이 크로아티아어다. 학창 시절에 부지런히 학습했던 것은 세르비아어였다. 이 언어를 배우려고 다닌 강좌의 이름도 '세르비아어'였고 강사도 세르비아인이었다. 하지만 교재는 영어로 된 『외국인을 위한 세르보크로아트어』였다. 이 관계는 이해하기가 까다롭다.

옛 유고슬라비아 시절 세르비아어와 크로아티아어는 한 언어였다. 예전에는 '세르보크로아트어'처럼 영어 명칭으로도 불렸지만 왠지 마음에 들지는 않는다.* 어쨌든 그 세르보크로아트어의 변종이 세르비아어와 크로아티아어이므로, 크로아티아어도 배웠다고 말할 수 있을 것이다.

2000년 이후에도 크로아티아에 여러 차례 갔다. 크로아티아는 유럽에서 손꼽히는 휴양지가 있는 나라로 최근에는 일본에서도 관광가이드북이 출간되기 시작했다. 거기에 가면 나는 크로아티아어를 사용한다. 그리 유창하진 않지만 여행자로서는 불편하지 않을 정도로 통한다. 고마운 일이다.

---

* 한국 표준어 명칭은 영어 명칭 Serbo-Croat를 차용한 '세르보크로아트어'이고 일본어에서는 주로 '세르비아·크로아티아어'라고 부른다.

크로아티아어와 세르비아어의 주요한 차이는 세 가지다.

하나는 대응하는 소리가 조금 다르다는 것이다. '젖, 우유'라는 말이 세르비아어로는 '믈레코'인데 크로아티아어로는 '믈례코'다. 사소한 차이로 보이지만 발음해 보면 왠지 모르게 살짝 위화감이 든다.

또 다른 하나는 어휘인데 '빵'이 세르비아어로는 '흘레브'이고 크로아티아어로는 '크루흐'다. 서로 다른 어휘가 많아서 현지에는 전문 사전까지 있을 정도다. 외국인 학습자는 꼼꼼히 체크할 필요가 있다.

셋째는 문법이다. 사소한 부분이지만 예를 들면 '할 수 있다'나 '하고 싶다' 따위에 동사가 이어질 때 세르비아어는 접속사 da+인칭 변화형을 쓰는 데 반해 크로아티아어는 원형 부정사를 쓴다. 이게 바로바로 안 나와서 세르비아인 선생님에게 끈질기게 훈련받은 탓에 그만 da……라고 말해 버렸다는 것을 깨달았을 때에는 이미 늦었다. 아, 나의 크로아티아어는 역시 안 되겠구나 하고 매일같이 낙담한다.

그렇다고는 해도 그걸 일일이 신경 쓰는 크로아티아인은 좀처럼 없지만 말이다.

소련 붕괴 직전인 1990년 전후, 공화국은 어느 곳이나 독립 기운이 높아지면서 독자성을 구가하게 되었다. 그중 키르기스는 번거로운 나라다. 국명도 소련 시절에는 키르기스 소비에트 사회주의 공화국이었으나 1990년 10월 26일 키르기스 사회주의 공화국으로, 같은 해 12월 12일 주권 선언을 채택하여 키르기스스탄공화국으로, 그리고 1993년 5월 헌법 개정에 따라 키르기스공화국으로 어지럽게 바뀌었다.

　러시아어로는 키르기지야다. 하지만 한때는 '크르그즈스탄'으로 발음해야 한다고도 했다.* 키릴문자 ы로 표기하는 중설모음이므로 '키'가 아니라 '크'로, '기'가 아니라 '그'로 발음하라는 것이다.

　러시아어 화자에게는 묘한 일이었다. 러시아어 철자법에서는 [k]나 [g] 소리 뒤에 이 중설모음을 적어서는 안 된다. 그런 소리의 조합도 올바르지 않다. 그런데 갑자기 등장한 것이다. 러시아인에게 이 공화국을 어떻게 부르느냐고 물었더니 '크르그즈스탄'이라고 발음하기는 어려워서 역시 '키르기스스탄'이라 부른다고 한다.

---

* 실제 키르기스어 Кыргызстан(Kyrgyzstan)에 가까운 발음이다.

아무리 키릴문자를 공유한다고 해도 키르기스어는 러시아어와 전혀 다른 언어다. 소리가 서로 다른 것이 당연하다.

키르기스어는 딴 문자를 쓰기도 한다. 중국 신장 위구르 자치구에서 쓰는 키르기스어는 아랍문자로 표기한다. 구소련의 키르기스어도 일찍이 아랍문자나 라틴문자로 표기하던 시절이 있었다.

그렇다고는 해도 키르기스어의 이미지가 딱 떠오르지는 않는다. 중앙아시아의 튀르크 제어에 대한 나의 지식은 빈약하다. 이 나라의 수도 이름이 프룬제에서 비슈케크로 바뀌었다는 것을 간신히 기억할 정도다. 대체로 러시아어 교사 중 중앙아시아 국가의 수도 이름을 정확히 말할 수 있는 사람은 적은 듯싶다. 애초부터 다른 언어권이라고 생각하는 편이 좋을 것이다.

그래도 구소련 언어는 친근한 느낌이 든다. 그냥 내멋대로 그렇게 생각하고 싶다.

헌책방에는 정말 다양한 고서가 즐비하다. 얼마 전에도 가게 앞에 진열된 특가로 나온 책을 보니 문고본에 섞여 상자에 들어간 낯선 소책자가 있었다. 상자에는 아무것도 쓰여 있지 않았다. 이상해서 꺼내 보니 『키리바시어- 일본어 사전』이었다. 설마 어학서일 줄은 생각도 못했다. 장정도 묘하지만 이 사전은 그 내용도 신기하다. 사전에는 보통 권두에 사용법이나 문자와 발음 설명 등이 있기 마련인데 그런 게 아예 없다. 그뿐 아니라 머리말도, 후기도, ISBN도 없다. 정보를 알려 주는 것은 판권면뿐인데, 거기에는 편자의 이름 외에 발행자가 어느 현의 가다랑어 어업협동조합이며 1998년에 발행되었다고 적혀 있을 뿐이다. 상상컨대 키리바시로 원양어업을 떠나는 일본인 선원용으로 엮은 것이 아닐까.

왠지 궁금해져서 구입하기로 마음먹었다. 가게에서는 떨이로 파는 것일 텐데 소비세를 포함하여 한 푼도 안 깎아 주고 756엔을 다 받았다. 에세이를 써서 본전을 뽑아야겠다. 집에 가서 페이지를 이리저리 넘기는데 어쨌든 단어만 나열돼 있을 뿐이다. 라틴문자를 쓰는 키리바시어와 그에 해당하는 가타카나 표기에 일본어 번역이 있다. 페이지는 25행으로 돼 있고 모두 250쪽이니 수록 어휘 수는 대략 5000개쯤 된다. 상당한 규모다. 마음 내키는 대로 들여다보고 있자니 철자와 발음이 같은 단어가 나열되어 있다는 것을 알겠다. '앙아'가 '어깨' '길, 방법, 유행, 방향' '주다, 올리다, 건네다'라는 뜻으로 그 폭이 넓어서 놀랐다. 이것만으로는 키리바시어를 전혀 알 수 없으니 스스로 알아봤다. 키리바시어(또는 길버트어)는 키리바시공화국의 언어다. 지구온난화로 인한 해수면 상승으로 바다에 잠길 위험이 있는 제도로 알려진 나라다.

키리바시어의 계통은 오스트로네시아어족이다. 음소는 모음이 다섯, 자음이 열 개라서 동음이의어가 많을 것 같다. 이 어족의 언어치고는 약간 드물게도 특정성을 나타내는 관사 '테'te가 있다. 사전을 찾아보니 '그, 하나의'라고 나온다. 조금 다르지 않을까 싶다.

그건 그렇고 이 책은 현장에서 쓰도록 만들어진 사전일 텐데, 도대체 어떻게 사용하는 것인지 유감스럽게도 감이 잘 안 잡힌다. 그건 전 주인도 마찬가지였던 듯하다. 파란 비닐 장정에 금빛 문자로 제목이 적힌 사전은 사용한 흔적이 전혀 없었다.

타밀어

타밀어는 일본에서 운이 나쁜 언어다. 일본어 기원 찾기에 홀려 버린 일본어 학자와 그 지지자들이 괴상하게 다뤘기 때문이다.

아무튼 나는 이 언어에 대해 아무것도 모른다. 일본어와의 관계에 대한 연구 동향에도 대체로 열의가 없어서 사실 읽은 적도 없다. 그러다 보니 비판하려면 제대로 읽고 비판하라는 핀잔을 듣기도 한다. 근데 읽을 생각이 별로 없다. 읽지 않아도 괜찮을 것 같다.

타밀어는 남인도의 드라비다어족에 속한다. 드라비다어족에는 25개 언어가 있는데 그중 타밀어, 칸나다어, 텔루구어, 말라얄람어 네 언어는 문장어가 있다. 혹시라도 일본어가 타밀어와 친척 관계에 있다면 다른 드라비다 제어도 친척 관계가 된다. 그럴까?

타밀어 인구는 인도에 약 4500만 명, 그 밖에 스리랑카에 약 250만 명이 있다. 참고로 드라비다어족 전체는 약 1억 2000만 명이다. 이렇게 큰 언어와 일본어 사이에 접점이 있다면 좀 더 이전에 알아봤어야 마땅하지 않을까?

내 인상만 늘어놓는다면 설득력이 부족할 테니 훌륭한 언어학자를 인용하겠다. "일본어와 타밀어가 같은 계통의 언어라는 전제에 근거하는 이 설은 용감함을 넘어선 것이다. (……) '절구에 빻다'를 뜻하는 타밀어가 '쌀'의 의미와 이어진다면 연상의 비약이 지나친 비교가 아닐까."* 훌륭한 사람은 읽고 나서 비판한다.

문장어로서 타밀어는 다른 드라비다 제어와 견줘도 매우 오래되었고 더구나 산스크리트 문학의 영향을 가장 적게 받은 문학 전통이 있다. 독창성이 있으니 멋지지만, 바로 그래서 기묘한 계통론이 생겼는지도 모른다.

애초에 일본어 기원론에 관심이 없다. 모든 언어가 그림 법칙(맛보기 4 참조)과 같은 음운 대응에 따라 계통 증명이 된다고 보기 어렵다. 그보다 외국어는 외국어로 접하고 싶다. 타밀어도 외국어로 주목하면서 시작하고 싶다.

조사해 보니 현대 타밀어 문화권은 영화산업이 번창해 있다. 연간 900편이나 제작되는 인도 영화 가운데 약 20퍼센트가 타밀족 영화다. 우선 영화를 즐기고 싶다.

---

* 호리이 레이이치, 『비교언어학을 배우는 사람을 위하여』, 세카이시소샤, 1997.

이제 다룰 언어는 타지크어다. 구소련의 언어니까 간단하게 쓸 수 있겠지 하고 편하게 생각했다면 큰 착각이다. 나는 타지크를 거의 알지 못한다. 거듭 말하지만 러시아어 교사 중에도 중앙아시아 나라의 수도 이름조차 모르는 이가 허다하다. 덧붙여서 타지키스탄공화국의 수도는 두샨베. 방문한 적은 없다.

내가 타지크어에 대해 아는 유일한 사실은 인도유럽어족에 속하며 그중에서도 페르시아어에 가깝다는 것이다. 다른 중앙아시아 나라들은 아제르바이잔을 비롯해 모두 터키어와 같은 튀르크어파이기 때문에 이는 큰 차이다.

나의 지식은 여기서 끝이다.

이제부터는 책장을 뒤져 보겠다. 『러시아어—타지크어 회화집』이 때마침 보인다. 뭐든지 눈에 띄면 사 두었던 것이다. 이 책은 러시아어 화자가 타지키스탄을 방문한 상황을 상정한 회화집이다. 문자와 발음에 대한 굉장히 간단하고 대략적인 해설이 딱 한 페이지이고, 나머지는 오로지 예문만 나열했다. 소련 붕괴 전인 1990년에 출판(제3판)됐기 때문인지 "동지!"라고 부르며 시작하는 표현에서 시대가 느껴진다.

머리말에 따르면 타지크어는 일찍이 아랍문자나 라틴문자를 사용했지만 1940년부터 러시아어와 같은 키릴문자에 몇 가지 부속 기호를 붙인 문자를 사용하게 되었다. 러시아어에 없는 문자는 예외로 소개했다. 이것만으로 러시아인이 타지크어로 대화할 수 있을까. 물론 러시아어에서 들어온 말도 가끔 있다. 아, 소리를 들어보고 싶다.

뭔가 재미있는 예문은 없는지 찾아보았다.

"아치브 출판사는 타지크 작가의 작품을 아랍문자로 출판하고 있습니다."

앞에서 말한 내용과 모순된다는 생각도 들지만, 뭐 아무려면 어떤가. 소련 시절부터 아랍문자 출판이 있었는지 전혀 몰랐다. 실제로 보고 싶다.

회화집 예문에도 뜻밖의 진실이 숨어 있다.

「북치기 연습」이라는 동요가 있는데 예전부터 텔레비전의 유아용 프로그램에서 자주 흘러나왔다. 북 치는 법을 매일 연습하며 '그저께'에서 '어제'로, '오늘'로 이어가다 보면 실력이 점점 향상된다는 가사다.

　　요즘 문득 생각나서 흥얼거리다 보면 언어 생각만 해서인지 '북치기'가 '태국어'가 되어 버린다.*

　　그렇다면 태국어 학습에선 무엇이 까다로울까.

　　문자는 어떨까. 태국 문자는 철사 세공처럼 꾸불꾸불 구부러지고 가끔 돌돌 말린 곳이 있어서 참으로 귀엽다. 어렵기는 해도 문자를 좋아하는 나는 오히려 기대가 된다.

　　역시 발음인가? 원래 발음은 어느 언어나 많든 적든 어려운 점이 있다. 하지만 나처럼 유럽어에만 치우치다 보면 아시아 언어를 접할 때 약점이 확연히 드러난다.

　　먼저 성조. 의미 구분을 위해 소리를 올렸다 내렸다 하는 것으로 중국어의 사성이 비교적 잘 알려져 있다. 태국어는 성조가 다섯 개라는 것을 이론적으로는 알면

---

* 북치기는 '다이코', 태국어는 '다이고'로 발음이 비슷하다.

서도 역시 좀 두렵다. 나는 특히 '연습'할 필요가 있다.

그리고 유기음. 발음할 때 숨이 거세게 나오느냐 아니냐에 따라 의미가 달라진다. 거센소리 '카이'는 '알', 된소리 '까이'는 '닭'이라는 것은 유명한 사례다. 발음은 하나씩 하면 되지만 과연 바로바로 구별할 수 있을까. 식당에서 원하는 음식을 주문하려면 이것도 '연습'해야 한다.

태국은 인기 여행지로 마니아도 많다. 언어에 주의를 기울이는 사람도 많아졌다. 언어 학습에서 부닥치는 글자나 발음 같은 난관을 극복하는 방법은 역시 꾸준한 연습밖에 없을 것이다. 그런데 지금은 음성이 녹음된 교재도 많고 CD 등을 듣기도 쉬워졌다. 여기에 귀를 기울이고 힘내서 버틸 수 있는 사람만이 태국과 태국어의 묘미를 맛볼 수 있으리라.

언어 훈련에는 자신 있지만 더위에 쥐약인 나는 더위 견디기 훈련이라는 '연습'부터 시작해야 할 테니 좀 고달프다.

이전에도 썼지만 글자를 읽을 수 없는 책을 사는 데 전혀 거부감이 없다. 초등학교 때부터 세뱃돈을 모아 도쿄 니혼바시의 마루젠 서점에 가서 수입 그림책을 사들였다. 페이지를 펼쳐 봤자 당연히 읽을 수 없다. 그래도 그림이 마음에 들면 됐다. 대체로 외국어란 평생 걸려도 읽을 수 없는 것이라고 믿었다. 지금도 장서에는 그림책이 많다.

그중에 텔루구어 그림책이 있다. 마루젠이 아니라 진보초의 구소련 전문 서점에서 산 것이다. 분명 대학생 때였다. 영어와 러시아어를 조금 읽을 수 있게 됐어도 문자를 읽을 수 없는 그림책을 사는 습관은 계속되었다. 그래, 텔루구어는 독자적인 문자를 사용한다.

텔루구어 그림책이긴 해도 그 서점이 인도 책을 팔았던 건 아니다. 구소련은 자국 그림책을 번역해 수출하는 데 열심이었다. 주로 제3세계용이었지만 그러한 것이 이상하게도 가끔 일본에 들어와 러시아어 그림책과 나란히 꽂히기도 했다. 이런 기묘한 만남은 즐겁다.

둥글고 재미있는 모양의 텔루구어 문자는 아직도

읽을 수 없다. 라틴문자인 에스토니아어나 키릴문자인 우즈베크어를 볼 때와 또 사정이 다르다. 어쨌든 도무지 알 수 없다. 애초에 어떻게 텔루구어라는 것을 알았는가 하면, 안쪽에 작게 러시아어로 '텔루구어판'이라고 써 있었기 때문이다.

텔루구어는 인도에서 힌디어 다음으로 언어 인구가 많으며, 6000만 명 이상이 사용한다. 결코 마이너 언어가 아니다. 그런데 인도의 도시 지역에서는 영어를 널리 사용하기 때문에 결과적으로 인도계 언어의 대부분이 화자 인구에 관계없이 마이너가 될 가능성이 있다. 다양성을 좋아하는 나로서는 좀 아쉬운 생각이 든다.

이상하게 여길지 모르지만 이 텔루구어 그림책을 구입했던 대학 시절에 이 책을 가끔 꺼내서 '읽었다'. 그 독특한 글씨를 열심히 살펴보던 기억이 난다. 아무래도 시 같은 느낌이었는데 같은 모양의 글씨가 행말에 나열되어 있어 분명 운을 맞춘 것이리라 상상하며 즐겼다. 읽을 수 없는 글자를 바라보는 것만으로도 뭔가를 파악할 수 있다고 생각했는지도 모른다.

구소련 중앙아시아 언어는 이것이 마지막이다. 하지만 아무런 이미지도 떠오르지 않는다. 내가 약한 지역은 인도와 티베트 방면만이 아니었다. 한심하군.

　사전류를 조사해 보았다. 투르크멘어는 튀르크어족에 속하며 터키어에 가깝다. 이는 '투르크멘'이라는 명칭에서도 상상이 된다. 사용 인구는 200만 내지 300만 명이라는데 과연 많은 걸까 아니면 적은 걸까.

　글자는 아랍문자를 사용하려는 움직임도 있었다는데, 1920년대에 라틴문자를 받아들이고 이어 1940년대부터 키릴문자로 표기했다. 이것도 구소련의 여러 민족 언어에서는 흔한 얘기다.

　음운이나 문법을 알고 싶어 언어학 사전 항목을 읽어 봤다. 어쨌든 터키어와 아제르바이잔어에 가까워 주로 이들 언어와의 차이에 초점을 맞춰 설명한다. 그런데 나는 터키어도 아제르바이잔어도 모르니까 역시 그림이 잘 그려지지 않는다. 이래서야 속수무책이다.

　구소련 시절의 러시아어 교재에는 여러 공화국의 지리와 역사 등을 소개한 '지지'地誌라는 항목이 반드시 있었다. 나라의 여러 모습을 두루두루 공부할 수 있는 것이다. 그런데 15개 공화국 가운데 절반 가까이를 차지하는 중앙아시아는 왠지 다 비슷하고, 예컨대 어디서든 면화와 멜론이 자라는 것 같아 별로 인상에 남는 나라가 없다.

남들이 슬라브족 나라를 헷갈릴 때는 속이 뒤집히더니 나야말로 제멋대로다.

그래도 중앙아시아는 아직 러시아어를 잊지 않은 지역으로 꼽힌다. 러시아어를 익혔다면 한번 살펴봐도 좋을 것이다. 뭐니 뭐니 해도 소련이 되면서 문맹률이 0.1퍼센트까지 떨어졌다. 어떤 정권이라도 나쁘지만은 않다.

나 자신은 중앙아시아 여러 공화국 중에서 우즈베키스탄을 제외하면 방문한 곳이 없다. 지금은 정세가 불안정하거나 비자 절차가 번거로워 여행을 쉽게 할 수 없다. 구소련 시절에 갔어야 했다는 후회가 든다. 그랬다 해도 투르크멘어를 얼마나 접할 수 있었을지는 알 수 없지만.

되네르 케밥을 아는가? 양고기나 닭고기를 덩어리째 전용 로스터에 구워서 노릇노릇하게 익으면 겉에서부터 벗겨 먹는 음식이다. 이 고기와 양배추, 양파, 오이 등 채소를 함께 피타라는 빵에 넣어 만드는 되네르 케밥 샌드위치는 튀르키예인이 많은 유럽에서도 자리를 잡았다.

예전에 독일 동부를 여행할 때 나는 되네르 케밥 샌드위치가 너무 마음에 들어 점심 끼니는 늘 이걸로 해결했다. 튀르키예인이 일하는 가게에 매일 다니다 보니 직원들과도 자연스럽게 안면을 트게 되어 내가 나타나면 다들 방긋 웃었다. 그러면 나도 독일어가 아닌 튀르키예어로 인사했다. "메르하바"(안녕하세요).

내가 아는 유일한 터키어라고 해도 좋다. 보통은 인사 한마디 던진다고 감격하지 않지만 그들은 달랐다. 함박웃음을 지으면서 "메르하바"라고 답하는 것이다. 게다가 케밥을 좀 더 듬뿍 넣어 주는 것 같은 느낌은 기분 탓일까. 붙임성이 좋은 튀르키예인은 거리에서 마주쳤을 때도 "메르하바"라고 말을 걸어 주는데, 그럴 때면 더더욱 튀르키예어를 할 수 있었으면 좋겠다는 생각이 든다.

튀르키예어는 큰 언어다. 튀르크계 언어 연구에서는 튀르키예어가 기본이다. 투르크멘어도, 키르기스어도, 카자흐어도, 우즈베크어도, 아제르바이잔어도 대부분 튀르키예어와의 비교를 통해 설명된다. 이 같은 사실에 비추어 일본 대학에 튀르키예어 강좌가 개설된 곳이 적어서 아쉽다. 중근동부터 중앙아시아에 걸친 큰 언어 문화권을 배우려면 역시 튀르키예어부터 시작하는 것이 공부하기 쉬울 텐데.

튀르키예어는 일본어와 비슷해 공부하기 쉽다고 하지만 독학은 어렵다. 일본인에게 다소 생소한 모음조화나 유럽 여러 언어로 떠올릴 수 없는 어휘도 힘들지만 무엇보다 '일본어와 마찬가지로' 접미사 요소를 붙여 나가면 된다는 것이 오히려 고역이다.

튀르키예어를 공부하고 싶다면 훌륭한 책이 있다. 만화가 다카하시 유카리가 지은 『터키에서 나도 생각했다』. 이 만화는 튀르키예를 여행하는 동안 그 매력에 사로잡혀 마침내 튀르키예인과 결혼해 가정을 꾸린 저자 자신의 이야기다. 읽다 보면 '메르하바' 앞에 펼쳐진 세계가 보인다.

다시금 깨닫는다. 역시 나는 인도와 티베트 방면의 언어 지식이 매우 부족하다. 그 증거로 이런 지역의 언어를 논하려면 조사하지 않고는 아무것도 쓸 수 없다. 뭐 알아보는 일이 즐겁기는 하지만.

너무도 무식해서 가끔 티베트어와 네팔어를 구별조차 못하기도 한다. 티베트어는 중국티베트어족 티베트버마어파인 반면에 네팔어는 인도유럽어족 인도어파다. 전혀 다르다. 하지만 티베트어 화자는 중국뿐만 아니라 네팔에도 있고 심지어 부탄, 인도, 파키스탄에도 있다.

실제로 글자를 비교해 보면 많이 다르다는 것을 알 수 있다. 네팔어는 힌디어와 마찬가지로 데바나가리문자가 기본이어서 단어마다 가로줄로 연결된다. 반면 티베트문자는 데바나가리문자의 먼 친척이지만 음절마다 띄어 쓰기 때문에 더 토막토막 잘린다.

티베트어는 음절이 복잡해지면 문자 요소를 겹겹이 쌓아 가며 표기하기 때문에 위아래로 상당히 넓은 자리를 차지한다. 가로쓰기인데 세로로 긴 글자가 있다는 것도 재미있다.

언젠가 TV 여행 프로그램에서 중국 티베트 자치구의 중심 도시인 라싸가 소개됐다. 철도역 풍경이 나오고 전광판에 중국어가 뜨는가 싶더니 티베트어로 싹 바뀌었다. 겨우 그뿐인데 왠지 감동이 확 밀려왔다. 멋졌다. 티베트문자에는 역시 세로로 긴 글자가 꽤 섞여 있다. 전체적으로 굵기가 제각각인 것이 오히려 멋도 있고 아름답다.

티베트어 문법을 살펴보면 능격 구문이 있고 경어법이 발달해 언어학자들이 싫증 낼 일이 없다. 일본 대학도 불교계인 곳은 티베트어 강좌를 개설한 곳이 많다. 복잡한 얼개를 맛볼 수 있을 것 같다.

파슈토어는 20세기 말부터 세계적으로 '위험한 나라'의 대표 주자처럼 되어 버린 불행한 나라 아프가니스탄의 언어다. 1936년 이후 줄곧 공용어의 지위를 유지해 왔지만, 나는 파슈토어에 대해 여느 때와 마찬가지로 아무것도 모른다.

파슈토어는 인도유럽어족인데, 왠지 의외로 느껴지기도 한다. 하지만 의외로 느낀다는 건 무지의 증거다. 이 언어는 이란어파에 속하며, 이 어파에는 페르시아어, 쿠르드어, 오세트어 등이 있다. 오세트어는 구소련 캅카스 지역의 언어다. 구소련은 아프가니스탄과 국경이 맞닿아 있었기 때문에 곧바로 침공할 수 있었다.

아프가니스탄뿐 아니라 파키스탄에도 파슈토어 사용자가 있다. 파키스탄의 화자는 약 1100만 명이다. 아프가니스탄도 거의 같은 숫자이므로 합치면 약 2200만 명이다. 역시 아시아의 언어 인구는 자릿수가 다르다.

큰 방언이 두 개 있는데, 하나는 파키스탄의 페샤와르, 다른 하나는 아프가니스탄의 칸다하르가 중심이다. 뉴스에서 익히 듣는 지명이다. 이 가운데 페샤와르는 딱

딱한 방언이고 칸다하르는 부드러운 방언이라고 한다. 딱딱한지 부드러운지는 인상으로 느끼면 되는데, 예컨 대 페샤와르의 흐, 그, 스가 칸다하르의 슈, 주, 츠에 대 응한다. 그렇다면 '흐' '그' '스'가 딱딱하고 '슈' '주' '츠' 가 부드럽다는 뜻이 된다. 자, 아시겠죠?

개설서에 보면 "과거시제에서는 이른바 능격 현상 을 볼 수 있습니다"라고 나온다. 능격은 조지아어나 티 베트어에도 있다. 자동사문의 주어와 타동사문의 목적 어가 같은 형태가 되면 기타 동사문의 주어가 능격이라 는 독특한 형태를 취하는 현상이다. 그 능격이 있다니 언어학적으로 매력이 가득하지 않은가.

23항에서 소개한 바스크어도 능격이 있었다. 아프 가니스탄, 조지아 그리고 바스크 지방이라니, 왠지 옥신 각신 다투는 지역뿐이라는 생각이 든다.

능격 지역에 평화를!

외국어의 인기와 비인기는 어쩔 수 없는 문제다. 어떤 언어의 입문서가 아무리 잘 쓰였다 해도 마이너 언어라면 팔리지 않는다. 이럴 때 저자는 매우 슬프다. 나도 경험이 있다.

어느 출판사에서 외국어 입문 시리즈를 출간했다. 40개가 넘는 언어를 같은 기준으로 공부할 수 있다는 건 멋진 일이다. 하지만 같은 시리즈라도 매출은 같지 않다. 몇 번이나 판을 거듭하는 언어가 있는가 하면 좀처럼 팔리지 않는 언어도 있다. 그 시리즈에서 가장 안 팔린 교재는 펀자브어였다. 부록 음원이 테이프에서 CD로 바뀔 때도 펀자브어는 그대로였다. 저자도 틀림없이 아쉬워했으리라.

펀자브어는 인도와 파키스탄에 분포한 언어다. 언어 인구가 7000만 명이 넘어 20위권 안에 반드시 들 만큼 유력 언어다. 인도는 언어의 보고다. 우리에게 생소한 수많은 언어가 수천만 명 단위로 사용된다. 그러나 인구의 많고 적음과 학습자의 수는 비례하지 않는다.

펀자브어는 파키스탄과 인도에서 쓰는 문자가 다

르다. 파키스탄은 우르두문자, 즉 페르시아문자를 사용하는데, 아랍문자에 몇 가지를 첨가한 글자다. 한편 인도는 인도계의 독자적인 문자인 구르무키문자를 사용한다. 앞서 말한 세르비아어와 크로아티아어를 생각나게 한다.

책을 읽다가 재미있는 에피소드를 만났다. 1970년대에 있었던 일이다. 주영 대사관 통역관으로 근무하던 인도인이 런던에서 열린 세계 로마Roma* 회의에서 처음으로 로마어를 접했다. 그 사람은 펀자브어가 모어였는데 로마어와 많이 닮았다는 사실에 놀라 이를 계기로 연구를 시작했다. 로마 조상이 인도 북서부를 뒤로하고 유럽으로 향했던 시기와 펀자브어가 형성된 시기가 일치한다. 과연 이제부터 무엇이 해명될까.

무엇보다 나는 오븐 구이를 뜻하는 탄두리 요리의 발상지가 펀자브라는 것이 더 흥미롭다.

찾아보면 이렇게 재미있는 에피소드가 많을 텐데 입문서가 안 팔려서 참 애석하다.

---

* 집시가 자민족을 스스로 일컫는 명칭이다.

어족

"왠지 '셈함어족'이라는 말을 입에 담으면 안 될 것 같은
분위기였어요."

언어학과를 졸업한 한 편집자가 1990년대 재학 시절을
떠올리며 말했다.

내가 대학에서 언어학을 공부할 때는 아랍어나 히브리어,
심지어 에티오피아 암하라어도 셈함어족에 속한다고 배웠다.
그런데 연구가 진행되면서 셈어족은 계통적으로 깔끔하게
정리된 반면 함어족은 정리가 가능한지 의문시되었다.
그래서 구약성서 창세기에 나오는 셈, 함, 야벳 삼형제 가운데
두 사람의 이름을 딴 이 명칭을 최근에는 사용하지 않고 대신
'아프로아시아어족'으로 바꾼 것이다.

'셈함어족'이 입에 담지도 못하도록 없애 버려야 하는
용어인지는 딱 부러지게 말할 수 없다. 다만 이런 경향이
있다는 것을 제대로 알아보지도 않고 요즘은 쓰지 않는 용어를
무비판적으로 사용한다면 남부끄러운 일이다. 마치 현대
영어 교육을 논할 때 듣기를 '리스닝'listening이라 하지 않고
'히어링'hearing이라 하는 것과도 같다.

어떤 언어학책에 따르면 '아프로아시아어족'이라는 표현이 학계에서 널리 지지를 받는다고 하니 전문가가 아닌 나는 이를 따를 수밖에 없다. 물론 너무나 막연한 이 명칭을 제창한 이가 세계의 언어를 다소 무리하게 분류하려 한 것으로 잘 알려진 미국 언어학자라는 점에서 별로 믿음이 가지 않긴 하지만.

명칭뿐만 아니라 어족도 잘은 모른다. 그래도 우랄어족과 알타이계의 여러 언어를 함께 묶어 '우랄알타이어족'이라고 부르는 건 좀 무리가 아닐까 생각한다. 그렇지만 이를 믿는 사람이 적지 않으며 각종 개론서가 제대로 조사하지도 않고 그런 언급을 되풀이한다.

그런 점에서 중국티베트어족이나 니제르콩고어족에 대해서도 정말 의견이 일치하는지 확신이 없다. 오스트로네시아어족과 오스트로아시아어족이라니, 그 구별조차 요상하게 느껴질 만큼 나는 무지하다.

비교언어학적으로 생각하면 역사적으로 같은 계통이라고 증명된 언어들만 어족이라고 불릴 자격이 있을 것이다. 하지만 모든 언어가 시대를 거슬러 올라가 살펴볼 수 있는 자료가 있는 것은 아니다. 편의상 어족이라는 명칭을 붙였지만 지역으로 정리했을 뿐이라는 말도 있다.

애초에 어족의 '족'族이란 같은 부류의 집단을 가리킨다. 하지만 그보다 같은 조상을 가진 집단이라는 뜻으로 더 많이 쓰이며, 주로 가족이나 민족을 일컬을 때 사용된다.

그러고 보니 민족을 부를 때 '○○인'과 '○○족'의 차이는 무엇일까.

아사히저널에서 편찬한 『세계의 말』 후기에 편자인 센본 겐이치로는 다음과 같이 썼다.

> 케냐의 키쿠유인이면서 키쿠유어 저술가인 G. C. 므왕기 씨가 '족'Tribe이라는 표현에는 높은 위치에 있는 이가 낮은 위치에 있는 이를 깔보는 울림이 있다고 지적했을 때 그저 깜짝 놀란 것 이상의 충격을 받았다. 므왕기 씨가 '키쿠유족'이라고 소개받고서 조금도 이상하게 생각하지 않은 나의 무신경함 때문이었다.

나도 이 글을 읽었을 때 바로 충격을 받았다. 그런 눈으로 세간의 보도를 보면 '○○인'과 '○○족'이 정말 되는대로 쓰인다는 것을 알게 된다. 대부분의 경우 유럽이라면 소수민족도 '○○인'이라고 부르는 데 반해 아시아나 아프리카 등지라면 국가를 형성하고 있어도 '○○족'이라고 표현한다. 어족이든 민족이든 무의식이 무신경으로 이어지지 않도록 가능한 한 조심해야 한다.

방출음

인간의 목 안쪽에는 성문이라는 곳이 있는데 여닫을 수 있는 구조로 되어 있다. 이곳을 먼저 닫고 허파에서 올라오는 공기를 모아 보자. 다음으로 그 공기의 압력을 이용해 성문을 밀어서 연다. 잘되면 '뻐끔'이나 '뽁' 비슷한 소리가 울릴 것이다. 이것이 방출음이다.

뭔가 장기자랑 같은 재주로 보이지만, 이것을 소리로 사용하는 언어도 있다. 이 책에서 다룬 언어 중에는 암하라어나 코사어가 그렇다. 테이프로 들으면 재미있지만 스스로는 소리를 내기가 어렵다. 이런 언어를 습득하는 데는 시간이 걸릴 터다.

조음調音, 즉 소리를 내려고 입안에서 여러 가지 조정을 아주 쉽게 하는 사람도 있지만 반대로 아무리 노력해도 그럴싸하게 되지 않는 사람도 있다. 방출음 정도는 아닐지라도 이른바 권설음도 그러한데, 못하는 사람에게는 트라우마가 된다. 학생들이 안타까워하거나 부끄러워하거나 제대로 못 가르친다고 타박도 할 테니, 가르치는 나한테도 트라우마가 될 수 있다.

방출음이 안 되든 혀를 못 말든 외국어는 배울 수 있겠지만.

오카다 에미코의 『이란인의 마음』을 읽고 가장 인상 깊었던 것은 저자가 테헤란대학에 유학한 첫날 수업 풍경이었다.

첫 번째 시간은 고전문학. 교실에 들어온 교수는 가방도 책도 없이 그대로 교단에 선다. 유학생들에게 교과서 첫 페이지를 펴라고 지시한 뒤 몸소 낭랑하게 서사시를 암송하며 단상을 오른쪽 왼쪽으로 걷는다. 이 광경을 저자는 숨을 멈추고 바라보는 것이다.

다음 시간은 펜 습자. 갈대 줄기를 말려 끝을 깎은 칼람이라는 필기도구를 먹물에 담가 글을 쓴다. 대학 수업에서 펜 습자라니, 저자도 처음에는 놀랐지만 스스로 쓰면서 다양한 글씨체를 익히고 사본을 읽는 데 유익하다고 한다. 펜 습자 교수는 칠판에 시를 쓰고 낭송한다.

서사시든 펜 습자든 얼마나 감동적인 수업이었던지.

첫째, 일본 대학에서는 모든 교수가 큰 가방에

자료를 넣고 교단에 오른다. 『고지키』古事記든

『만요슈』萬葉集든 교수가 제스처를 섞어 강의하는

경우는 별로 없을 것이다.

1960년대 중반의 광경이라고는 하지만 정말 감동적이다. 칼람으로 글씨를 쓴다는 점이 특히 마음에 드는데, 가능하면 해 보고 싶다.

페르시아는 문화가 풍부하다. 특히 시를 중심으로 한 언어문화에는 오랜 전통이 있다. 낭송도 아름답게 들리지만 페르시아문자도 매력적으로 보인다. 아랍어와는 글씨체가 조금 다르다는 것을 글자를 읽을 수 없는 나도 느낄 수 있다.

국제 정세만으로 세계를 파악하면 페르시아어를 사용하는 이란이라는 나라를 잘못 볼 수밖에 없다. 편견도 만만치 않다. 어느 이란 학생이 이란 출신이라고 하면 석유 얘기만 한다고 하소연했다. 적은 지식을 바탕으로 공통점을 찾는 데 악의는 없을지 모르지만 왠지 한심하다.

페르시아는 역시 시와 장미의 나라라는 이미지로 가고 싶다.

어느 포르투갈어 교사가 즐겁게 이런 말을 했다. "포르투갈어는 세계 여러 대륙에서 쓰는 언어랍니다. 유럽의 포르투갈은 물론이고 아메리카 대륙에서는 브라질, 아프리카에서는 앙골라, 모잠비크, 기니비사우, 상투메프린시페, 카보베르데, 또한 아시아에서는 마카오와 동티모르, 최근에는 일본 군마와 시즈오카에도 포르투갈어 화자가 있습니다.* 꽤 널리 퍼져 있죠?"

솔직히 부러운 생각이 들었다. 잘 알려지지 않은 세계어라니, 으음 멋있어.

하지만 나에게 포르투갈어는 보사노바다. 요즘 보사노바가 너무 좋아서 지금도 틀어 놓고 이 글을 쓴다. 보사노바는 사실 여러 언어로 불린다. 영어를 비롯해 프랑스어나 심지어 스웨덴어 노래도 왕성한 인기를 끄는데 역시 포르투갈어를 따라오지는 못한다. 대단한 정통파로 유명한 보사노바를 틀어 놓고 있으면 포르투갈어를 전혀 모르는데도 가사가 왠지 모르게 외워진다. 「아과 지 베베르」**라든가 「소 단수 삼바, 소 단수 삼바」***

---

* 주로 일본계인 브라질인 약 20만여 명이 일본에 거주한다.
** '마실 물'이라는 뜻으로 안토니우 카를루스 조빙의 노래다.
*** '난 삼바만 춘다'라는 뜻으로 스탠 게츠와 주앙 지우베르투의 노래다.

등 정신을 차리면 절로 흥얼거리고 있다.

그러다 보니 정확한 가사가 궁금해져 CD에 붙어 있는 가사 카드를 들여다보며 곡을 따라간다. 포르투갈어는 로마자대로 읽으면 된다는 돼먹지 않은 말을 하는 사람도 있지만 그렇지 않은 것 같다. 모음의 음색이 다르다. 마음에 드는 곡의 가사를 열심히 암기하다 보니 글자와 발음의 관계가 어렴풋이 보이기 시작한다. 즐기면서 자연스레 몸에 익힌다. 이게 세간에서 말하는 '이상적인 외국어 학습' 아닌가!

하지만 좋아하는 노래를 두세 곡 외워 봤자라 그 이상은 그만두기로 했다. BGM으로 틀기에 좋은 보사노바. 그러니 언어는 모르는 편이 좋다. 섣불리 의미를 알면 가사가 신경 쓰여 일에 방해가 된다.

포르투갈어는 내가 매우 좋아하고 세계적으로 확산되는 중요한 언어임을 잘 알면서도 결코 깊이 파지는 않기로 마음먹었다. 그렇게 사귀는 언어도 하나쯤 있으면 좋을 것이다.

폴란드어는 내가 볼 때 큰 언어다. 슬라브어파 중에서는 언어 인구도 많은 편이다. 예로부터 아메리카 대륙에 폴란드어를 사용하는 이민자들이 정착했다. 게다가 최근에는 영국에 폴란드인이 급증하고 있으니 세계적으로 통할 것 같은 기분도 든다. 슬라브어 연구자에게는 필수인 언어다. 나 좋을 대로 그렇게 여기고 대학원생 때는 부지런히 공부했다.

폴란드의 지방 도시에 여름 강습회나 학회가 열리면 참가하러 가기도 했지만, 뭐니 뭐니 해도 자주 방문하는 곳은 수도 바르샤바다. 바르샤바는 전설상의 창설자 바르시와 사바가 초석을 세웠다고 여겨진다. 바르시와 사바라 바르샤바인 것이다. 그러고 보니 얀보와 마보를 합쳐 얀마 디젤*이 됐다는 말도 있었다. 딱히 상관없는 얘기지만.

제2차 세계대전으로 폭석 무너진 바르샤바가 전후 끈질긴 노력으로 제자리를 찾은 이야기는 유명하다. 나중에 다시 세웠다고는 하지만 즐겁게 산책하기 좋은 거리임에는 변함이 없다.

---

* 기상예보에 나오던 캐릭터 얀보와 마보에서 따온 회사 이름이다.

산책하다가 퐁치키를 발견했다. 퐁치키는 작은 도넛과 비슷한 폴란드 음식인데 노점상 등에서 군것질거리로 판다. 이야기는 들어 봤지만 실제로 본 것은 그때가 처음이었다. 바로 사 먹어 보려고 했는데, 자 여기서 언어상의 문제에 부딪힌다.

퐁치키는 복수형이다. 왜인지는 몰라도 복수형으로 알려져 있다. 그러나 달콤해 보이는 이 도넛을 여러 개나 살 용기는 없다. 아내랑 둘이서 하나만 먹어도 충분하다. 그렇다면 퐁치키의 단수형은?

여기서 문법을 고민하게 된다. 복수형으로 미루어 볼 때 가능성은 두 가지다. 하나는 퐁체크인데, 그렇다면 남성명사다. 다른 하나는 퐁치카인데, 이 경우는 여성명사다. 음, 어느 쪽일까? 궁리해 봐도 모르겠다. 어쩔 수가 없으니 손가락 하나를 세우고 하나만 사기로 한다.

그러자 상대방의 입에서 정답이 나왔다. '퐁체크', 즉 남성명사였던 것이다.

이런 곳에서도 공부가 되다니, 생각해 보면 운이 참좋다.

프랑스어 교사가 좋아하는 말.

명료하지 않은 것은 프랑스어가 아니다.

앙투안 드리바롤이 『프랑스어의 보편성에 대하여』라는 저서에서 이렇게 말했다고 한다. 어떤 해설에 따르면 리바롤은 프랑스어의 특징이 논리성에 있다고 생각했는데, 그것을 뒷받침하는 것이 통사론이며 그래서 프랑스어가 논리적이라고 한다.

도무지 모르겠다.

왜 통사론에 기반하면 논리적인가. 형태론, 즉 어미가 변화하거나 접미사가 붙으면 어째서 안 되는지 잘 납득되지 않는다. 애초에 통사론에 기반하지 않는 언어가 과연 존재하긴 하는지 궁금하다.

아무래도 200년이 훌쩍 넘은 옛날 의견이니 더 파고들어 봐야 별 소용은 없을 것이다. 문맥도 모른 채 문구만 따로 돌아다니는 것일지도 모른다.

그런데 최근에 어떤 책을 읽다가 '프랑스어는 명료한 언어인가?'라는 항목과 마주쳤다. 하하, 역시 프랑스어 선생도 의문을 품는구나 생각하다가 "그렇지만 프랑스어의 명료한 성격은 결코 프랑스인만 우기는 것이 아니고 세계적으로 정평이 난 사실입니다"라고 해서 깜짝 놀랐다. 그리고 프랑스어가 얼마나 명료한지 자랑하는 듯한 내용이 바로 이어져 읽을 마음이 싹 달아났다.

지나치게 떠벌리는 자랑 이야기를 들으면 심술궂은 생각이 들게 마련이다. 예컨대 일반적으로 알려진 바에 따르면 프랑스어는 기초 어휘가 적은데, 어떤 통계를 보면 기본 단어 1069개가 무려 82~86퍼센트를 차지한다. 그렇다면 기초 어휘가 다의성이 있다는 것인데, 그게 명료한 언어인가?

또 언어학 사전을 찾아보니 이형 동음이의어가 많은 것도 프랑스어의 특징이다. 역사적으로 언어가 변화하면서 그렇게 되었을 수도 있다. 하지만 그런 언어가 과연 명료할까?

어떤 언어든 매우 엄격하고 명료한 점도 있고 애매한 점도 있다는 것이 일반적이지 않을까.

어깨에 힘을 더 빼면 어떨까?

2007년 3월 말에 대학을 그만뒀다. 그때까지 몰랐는데 직함이 없으니 곤란한 일이 많았다. 예를 들어 출판사에 전화를 걸 때 "○○대학 구로다입니다"라고 얘기할 수 없다. 잡지나 웹진, 뉴스레터에 에세이를 발표할 때도 마찬가지다. 어떻게 할까 고민하는데 편집자가 "프리랜서 어학 교사로 하면 어떨까요"라고 제안해 줬다. 왠지 이게 너무 마음에 들어서 이후로 잘 쓰고 있다.

하지만 보통 '프리랜서'와 '어학 교사'라는 결합은 듣기 어렵다. '프리랜서 어학 교사'라는 글씨를 보면 '프랑스어 교사'와 비슷하다. 아니 왠지 '프리랜서어'라는 언어가 있는 것 같기도 하다. 그런 언어는 없지만 프리슬란트어라는 언어는 들어 본 것도 같다. 그래서 찾아봤다.

프리슬란트어는 프리지아어라고도 불린다.* 게르만어파에 속하며 네덜란드에서 독일에 걸쳐 분포하는 작은 언어다. 이것이 다시 서부, 동부, 북부 방언으로 나뉜다.

프리슬란트어는 게르만어파 가운데 영어와 가깝

---

* 그 지방의 네덜란드어 명칭은 '프리슬란트', 영어 명칭은 '프리지아'다.

다. 다만 현재는 오랜 언어 접촉의 결과로 네덜란드어나 독일어와 비슷해졌다고 한다. 어쨌든 영어와 어떤 관계를 유지하고 있다는 점에서 프리랜서 어학 교사와도 통하는 구석이 있다.

네덜란드 북부에 프리슬란트주가 있는데, 이곳이 서부 프리슬란트어의 중심지다. 사용 인구는 약 40만 명이며, 주민 모두가 네덜란드어도 구사할 줄 알지만 향토애에 힘입어 현재 소멸될 위험은 없다고 한다. 초등학교에서도 가르치고 법정에서도 사용한다. 확실히 살아남으려는 의욕도 프리랜서 어학 교사와 공통된다.

나머지 중에서 동부 프리슬란트어는 사용 인구가 독일 자를란트에 2000명 정도이고, 덴마크와 가까운 북부 프리슬란트어는 5000에서 만 명 정도로 규모가 매우 작다. 이런 작은 언어도 잊지 않는 것이 프리랜서 어학 교사의 정신과 이어진다.

이렇게 아담한 프리슬란트어이지만 학문적 수준은 결코 낮지 않다. 1957년에 출판된 프리슬란트어-네덜란드어 대역사전은 약 1000페이지를 자랑한다. 이러한 태도도 프리랜서 어학 교사에게는 역시 본받아야 할 본보기인 것 같다.

고등학교를 졸업하고 진로를 결정할 즈음, 가능하다면 핀란드어 전문가가 되고 싶다는 꿈을 꾸었다.

계기는 이나가키 미하루의 『핀란드어는 고양이의 말』. 이 책을 매우 좋아한다는 얘기는 지금까지 여기저기에 써 왔다. 많은 사람이 목표로 하지 않는 나라에 유학하여 아주 열심히 언어를 공부한다. 그런 모습을 한껏 동경했다.

이 유학기의 특징은 언어 학습 과정을 자세히 소개한다는 점이다. 당시 나는 해외에서 공부하는 것을 목표로 여러 유학 체험기를 읽어 봤는데 대부분 현지 생활이나 인간관계는 상세히 기술해도 언어 학습 자체는 거의 다루지 않았다. 이런 사정은 지금도 마찬가지인데 정말 공부하러 갔는지 의심이 들 정도다.

하지만 『핀란드어는 고양이의 말』은 '핀란드어 문법' '핀란드어의 방언' '핀란드어의 옛글'이라는 주제를 에세이 형식으로 다룬다. 이런 주제로 에세이를 쓴다는 것만으로도 나는 충격이었다. 말할 것도 없이 두근대는 마음으로 읽었다.

이렇게 흠뻑 영향을 받았기에 핀란드어를 공부하고 싶어진 것이다. 돌이켜 보면 순진한 고등학생이었다. 하지만 1980년대 초 일본에는 핀란드어 교재가 거의 출판되지 않았다. 딱 하나 손에 넣은 것이 오자키 요시의 『핀란드어 4주간』이었다. 그 당시를 생각하면 대단한 역작이지만 고교생이 감당할 수 있는 책이 아니었다. 너무나도 난해한 문법 용어에 맥없이 무릎을 꿇고 말았다.

전문가가 되겠다는 생각은 접었지만 핀란드어에 대한 관심은 여전해서 새로운 교재가 나올 때마다 반드시 훑어본다. 지금은 쉬운 입문서가 많고, 현지로 유학 가는 사람도 늘고 있다. 시대가 바뀐 것이다.

『핀란드어는 고양이의 말』은 2008년에 네코노코 토바샤에서 개정판이 나왔다. 저자인 이나가키 씨가 그 개정판을 보내 줬다. 후기에 나에게 감사의 말까지 남겼다!

비록 몽상과는 다를지라도 고교 시절에 품었던 동경이 작은 결실을 맺었다. 말과 사귀다 보면 이렇게 기쁜 일도 생긴다.

지인이 사우디아라비아에 다녀오더니 선물로 현지 영자 신문을 줬다. 같은 영어라고는 하지만 제목에 낯선 지명이나 인명이 나열되어 있다. 그것을 흥미롭게 들여다보는데, 지인이 "재미있는 부분은 한가운데 페이지입니다"라고 한다. 펼쳐 보니 특수 기호가 없는 라틴문자가 줄지어 있는데, 영어가 아닌 것은 분명하다. 지인은 필리핀 언어 같다고 한다. "지금 중동에 필리핀 가정부가 많은데, 그런 사람들이 보는 고향 정보지 같은 게 아닐까요?"

그 말을 듣고 다시 보니 마닐라발 기사가 많았고, 조사해 보니 예상대로 수도 마닐라와 관련된 내용이었다. 그렇다 치더라도 이 언어의 명칭은 뭘까. 동남아시아에 익숙하지 않은 나는 '타갈로그어' '필리피노어' '필리핀어'의 차이를 모른다. 그래서 다시 찾아본다.

일단 타갈로그어. 루손섬 남부에 사는 타갈로그인의 언어다. 19세기 말 국어를 제정할 때 정치적으로 우위에 있던 이 지역의 언어가 새로운 국어의 기초로 선정되었다. 『세계의 언어 가이드북 2』에 따르면 타갈로그어는 1937년에 '국어 필리피노의 기반'으로 규정되었다고 한다. '기반'이란 무엇인가? 한편 『언어학 대사전』에 의하면 1959년에 문부성령으로 국어 명칭을 타갈로그어에서 필리피노어*로 변경했다. 그럼 '타갈로그어=필리피노어'인가.

이러한 타갈로그어 중심주의를 희석시키고 국내의 소통 수단으로 삼고자 만들어진 것이 필리피노어다. 1971년 새 헌법에 등장하며, 더욱이 아키노 정권이 들어선 1987년 헌법에서 이 필리피노어 정책이 점점 더 강력하게 추진된다. 명칭은 다르지만 여전히 타갈로그어를 모어로 하는 화자에게 유리한 언어임에는 틀림없다. 다언어 국가 필리핀으로서는 당연히 불만이 남는다. 한편 타갈로그어가 모어인 화자는 인구의 20퍼센트에 불과한데도 학교에서 가르치고 TV 프로그램도 있어 국민의 90퍼센트가 이해한다고 한다.

그럼 필리핀어**란 무엇인가 하면, 도쿄외국어대학의 전공 명칭이다. 복잡한 경위를 감안하면 이런 중용의 방안도 납득이 간다.

명칭이야 어떻든 사우디아라비아에서 일하는 가정부가 고향을 그리워하는 마음을 헤아릴 수 있는 신문을 보면 새로운 다언어 공간을 느낄 수 있다.

---

* 필리핀어의 자국어 명칭이다.
** 한국어에서도 대개 '필리핀어'라 일컫는다.

언어학 수업에서 1학년 Y군이 활기 넘치는 내용의 의견서를 제출했다. "지금 목표가 있습니다. 하와이어 연구자가 되는 것입니다. 친구에게 이런 이야기를 하자 '어? 하와이어를 한다고? 옛날 말을 공부해서 뭐 하게?'라더군요. 분명 지금 하와이어를 사용하는 사람은 적겠죠. 하지만 구로다 선생님이 수업 중에 지적하셨듯이 오래된 말을 할 수 있다는 것은 중요한 일이고, 또 하와이 원주민 후손과 친해질 수 있잖아요. 어떻게 생각하세요?"

확실히 옛날 말도 중요하다고 수업에서 항상 강조한다. 하지만 하와이어라면 나 또한 아무것도 모른다. 책장을 봐도 참고서가 한 권도 없다. 그래서 문법서나 사전이 없는지 인터넷서점을 찾아봤다. 역시 여러 가지가 출판되어 있다. 제법 분량이 많은 연구서 같은 것도 있다. 그중에서 두 권 정도 적당히 골라잡아 주문했다.

한 권은 로린 앤드루스가 쓴 『하와이어 문법』인데 페이지를 펼쳐 보고 놀랐다. 새것임에도 글씨가 대부분 흐릿하다. 출판 연도를 보니 1854년이다. 도대체 왜 이런 낡은 책이 아직도 나오는 걸까?

하와이어는 폴리네시아어파라고도 하는 오스트로네시아어족의 한 분파로, 18세기에 쿡 선장이 도착했을 무렵에는 약 30만 명이 사용했다고 한다. 하지만 현재는 모어 화자도 한정되어 의사소통이 가능한 사람은 200명 정도라고 한다. 상당히 적지만 옛날 말이라 부를 정도는 아닌 듯싶다. 하와이어 사전은 네 권이 소개되어 있는데, 그중 한 권이 앞서 말한 앤드루스가 엮은 것이다. 아무래도 문법서와 마찬가지로 오래되긴 했지만 기본 문헌인 것 같다. 하지만 대학 1학년인 Y군에게 추천하기에는 알맞지 않다.

내가 구입한 또 다른 한 권은 메리 푸쿠이와 새뮤얼 엘버트가 펴낸 『포켓 하와이어 사전: 간략한 문법과 이름 첨부』다. 이것도 기본 도서인 것 같다. 전체 250쪽 정도 되는 페이퍼백으로 간편하고 저렴하며, 특히 마지막에 나오는 간이 문법 설명이 좋아 보인다.

그럼 Y군, 우선 이 책을 구해서 읽어 보면 어떨까? 일본어로 된 참고서도 있지만 영어 전공이니까 이 하와이어 간이 문법 설명을 읽고 가능하면 일본어로 번역해 봅시다. 그러면 설령 중간에 그만둔다 해도 자네에게 결코 헛되지 않을 테니까.

월간 『언어』는 나에게 필수적인 잡지다(안타깝게도 2009년에 휴간되었다). 고등학교 시절부터 가끔 구입했다. 그 『언어』가 1982년 5월호와 6월호에 창간 10주년 기념으로 '외국어 추천'이라는 특집을 2회에 걸쳐 실었다. 각 언어마다 펼침면 전체에 내용을 정리하고 간단한 인사 표현을 소개했다. 언어에 관심이 많았던 나는 이 특집기사를 그야말로 게걸스럽게 읽었다. 그중 특히 서아프리카의 나이지리아 북부와 그 북쪽 옆에 있는 니제르공화국에서 사용하는 하우사어 해설을 좋아했다.

　　필자는 마쓰시타 슈지였다. 안타깝게도 아직까지 안면이 없는 연구자이지만 이 하우사어 소개를 읽고 바로 팬이 됐다. 어쨌든 글이 재미있었다.

　　처음에는 진지하게 계통이나 사용 지역, 언어 인구 등을 기술한다. 하우사어는 아라비아문자로도 표기하지만 기본은 라틴문자다. 하지만 "로마자로 쓴 하우사어 출판물은 책장 2단에 다 들어갈 정도밖에 안 됩니다"라는 설명을 읽고 깜짝 놀랐다. 여기에 탄력이 붙어 조금씩 빈정거리는 문장이 계속 이어진다.

'하우사어 습득의 이점'은 전혀 없습니다. 하우사어 몇 마디를 더듬더듬 주워섬긴 정도로 흉금을 쉽게 털어놓을 만큼 어리숙한 하우사인은 단 한 명도 없을 테니까요. '말이 통하면 속기 쉽다' 같은 무서운 속담도 있을 정도입니다.

이런 글을 쓰면서도 하우사어를 향한 애정은 여전하니 신기하다. 다른 글을 보면 "○○어는 논리 정연한 언어입니다" 또는 "△△어는 언어 인구가 많은 유력 언어입니다"라는 식의 자랑이 많은데 마쓰시타 씨의 글은 멋있었다. 회화 예시에 대한 설명이 인상적이었는데, "이나 루와?"(비가 오는데 잘 지내십니까?)의 각주에 따르면 하우사어 사용 지역에서는 비가 오는 것이 좋은 날씨라 한다. 대답은 "루와 야이 갸라."(비가 오는 것이 좋죠). 걸작이다. 이런 재미있는 글을 쓰는 마쓰시타 씨가 꼭 에세이집을 냈으면 좋겠는데, 하우사어 사전이나 회화집 외에는 저작이 없는 것 같아서 아쉽다.

내가 지금과 같은 일을 하게 된 계기의 일부는 마쓰시타 씨의 영향일지도 모른다.

21세기 일본에 한류열풍이 불어 한국어가 '메이저' 언어가 되리라고는 꿈에도 생각하지 못했던 1990년대에 나는 모 외국어계 대학에서 시간강사로 근무하다 우연히 알게 된 한국어학과 학생들과 친해져 그 영향으로 한국어 개인교습까지 받으며 열중한 적이 있다.

　　현지에도 지금까지 세 차례 나갔다. 갈 때는 언제든지 한국어학과 학생들과 함께였다. 매번 모두가 도와주었기 때문에 한국어를 말할 기회는 거의 없었다.

　　그래도 때로는 직접 사용해 보고 싶다.

　　처음으로 한국어를 말해 본 곳은 서울의 저렴한 숙소였다. 함께 여행하던 Y군은 지인을 만나려고 아침 일찍부터 나갔다. 나는 한 시간쯤 후에 혼자 거리로 나가기로 했다. 방문을 잠그고 외출하려는데 청소하는 아주머니가 무슨 말을 건넸다. 안타깝게도 전혀 알아듣지 못했다. 그러나 나는 당황하지 않고 이렇게 말했다.

　　"모루게쓰무니다. 조눈 이루본 사라미예요."

　　아주머니는 어쩔 수 없다는 듯 자리를 떴다. 한국어 첫 체험, 아무튼 성공이었다.

회화는 어학 실력이 아니라 경험과 배짱으로 진가가 드러난다. 교재에서 배운 단순한 표현도 실제로 사용하면 뜻밖의 위력을 발휘한다. 하지만 항상 뜻대로 되지는 않는다.

언젠가 아내와 함께 서울에 갔다. 대형 서점에서 아내가 화장실에 가고 싶다고 말을 꺼냈다. 아내는 한국어를 못한다. 여기서 좋은 모습을 보여 줘야 마땅했다. 나는 점원에게 침착하게 물었다.

"화장시루 오디예요?"

화장실 물어보기는 회화집의 기본 메뉴다. 점원이 장소를 가리켰으니 틀림없다. 감사를 표하고 방향을 확인하고 아내를 데리고 의기양양하게 가 보니……

남자 화장실이었다.

구로다 씨는 동유럽 언어에 정통하신 것 같네요. 그럼 헝가리어도 아시나요?

이런 질문을 자주 받는다. 대답해 드릴게요. 아니요. 전혀 못합니다.

이른바 동유럽 지역의 언어 중에서도 내가 공부해 온 것은 슬라브계뿐이다. 베를린 장벽 붕괴 전 국명으로 따지면 폴란드, 체코슬로바키아, 불가리아, 유고슬라비아의 여러 언어로 한정된다. 헝가리는 슬라브계가 아니다.

다른 동유럽 나라의 언어는 거의 모른다. 슬라브계가 아닌 동유럽 언어로는 그 밖에 루마니아어와 알바니아어가 있는데 인도유럽어족이라 가끔은 짐작이 가는 단어도 있지 않을까 기대한다. 하지만 헝가리어는 우랄어족에 속해 그런 기대조차 할 수 없다.

그래도 동유럽 언어라는 이유만으로 확실히 친밀감을 느끼긴 한다. 거실에 걸었던 2007년 달력은 헝가리 그림책 작가 머레크 베로니커의 것이었다. 그림책 『러치와 사자』의 일러스트로 열두 달을 장식한 귀여운 달력으로, 가끔 그림책에 나오는 대사가 적혀 있는데 모두 헝가리어다. 사자가 체조를 하면서 구호를 외치는 3월 삽화에는 '에지, 케퇴, 하롬!'이라고 써 있다. 물론 '하나, 둘, 셋!'이겠지만, 예를 들어 순서를 바꾸면 알 수 없게 된다. 네팔어 얘기를 하면서는 유럽에서 먼 네팔어 셈씨도 어느 정도 상상할 수 있다고 썼지만 그것과 비교해도 크게 다르다.

슬라브권에서도 헝가리어와 만나는 일이 가끔 있다. 슬로바키아에서 헝가리어는 일찍이 지배층의 언어였고 지금도 나름대로 침투해 있다. 수도 브라티슬라바의 서점에는 헝가리어 코너가 있고 헌책방에서는 헝가리어를 읽지 못하면 제 몫을 다하지 못한다고 들은 바 있다. 슬로베니아에서는 헝가리어가 소수 언어로 인정받고 있으며 동북부에서는 교육도 받을 수 있고 텔레비전과 라디오 방송도 있다.

그러니까 슬라브계 언어학자도 헝가리어를 공부하는 게 좋다. 그런데 좀처럼 손이 가지 않는다.

시바타 다케시가 엮은 『세계의 언어 소사전』에 '히날루크어' 항목이 있다. 생소한 언어라 알아봤더니 캅카스언어로 아제르바이잔의 작은 마을에서 사용된다고 한다.

이상한 점은 집필자가 고 지노 에이이치 선생이라는 것이다. 슬라브어 학자인 지노 선생이 왜 히날루르크어를 담당했을까.

그럴 때는 산세이도의 『언어학 대사전』을 뒤져 본다. 여기에도 지노 선생이 다른 연구자와 공동으로 집필한 내용이 있다. 어지간히 흥미가 있었던 모양이다.

설명 중에 마르*라는 이름을 발견했다. 히날루크어는 이 소련 언어학자가 관계된 듯하다. 지노 선생은 여기에 관심을 보인 걸까.

마르는 독특한 언어론을 펼치며 스탈린 시대에 각광받았다. 세계의 언어는 무엇이든 네 가지 기본 요소인 sal, ber, jon, rosh로부터 성립되었다고 한다. 이것만으로도 충분히 수상쩍은 냄새가 난다.

이제 마르의 이론은 잘못되었다며 부정당하고 있다. 다만 마르는 캅카스언어에 대해서도 여러 논문을 발

---

* 니콜라이 마르. 조지아 출신의 소련 언어학자다.

표했는데 그것도 잘못됐는지는 내 전문이 아니라서 잘 모르겠다.

과연 히날루크어에 대한 연구는 얼마나 될까. 『세계의 언어 – 캅카스언어 편』의 히날루크어 항목에는 참고 문헌이 열아홉 개 실려 있다. 새로운 것도 많다. 의외다.

다른 문헌 목록과 비교해 보면, 정리된 연구 중에서 가장 오래된 것은 데셰리예프*의 『히날루크어 문법』인 것 같다. 출판 연도는 1959년이다. 소련이 국내 언어를 기술하는 데 열심이었던 시기다. 유럽의 헌책방에 이 책이 한 권 있기에 갖고 싶은 마음에 냉큼 샀다. 이래서 장서가 늘어난다.

두근두근 개설을 읽는다. 히날루크의 인구나 히날루크어 화자의 수는 자료에 따라 상당히 다르지만 『히날루크어 문법』에서는 이 책이 나왔을 당시 마을 인구를 700에서 800명으로 친다. 한편 이 책의 발행 부수는 1500부. 마을 사람 수의 대략 두 배인 셈이다. 인구 대비로 따지면 꽤 많은 것 아닐까.

그러고 보니 딱히 인구와 견주어 생각할 필요가 없긴 하다.

---

* 유누스 데셰리예비치 데셰리예프. 체첸 출신의 소련-러시아 언어학자다.

도쿄 긴자의 교분칸이라는 서점에 기독교 관련 외국 서적 코너가 있다. 그중에서도 성경은 여러 언어가 잘 갖춰져 있어서 학교 다닐 때부터 대학원생 시절까지 자주 들락거리며 살펴보았다.

고대 슬라브어나 중세 러시아어로 기독교 문헌을 읽기 위해 슬라브계 언어로 된 성경을 구하는 것이 목적이었지만 다른 언어 번역본도 훌훌 페이지를 넘기고 싶어진다. 그중에서도 가장 관록이 묻어나는 것은 구약성서의 원본 언어인 히브리어다.

관록이 묻어나는 이유는 문자의 아름다움에 있다. 전체적으로는 네모난데 모서리 쪽이 둥그스름한 글씨가 오른쪽에서 왼쪽으로 배열되어 한데 합쳐 보면 아름다운 조화를 이룬다. 역시 성경의 언어다.

그렇다고 성경을 기록한 고대 히브리어만 히브리어는 아니다. 현대 히브리어도 있다. 이스라엘에서 지금도 일상에서 사용되는 이 언어는 기적에 의해 되살아났다. 그것도 어떤 한 사람의 노력으로 말이다.

때때로 언어는 사라질 운명에 처한다. 뛰어난 고전

문학을 남겼음에도 사라져 버린 언어가 드물지 않다. 내버려 두었다면 히브리어도 그렇게 되었을 것이다.

성경 언어에 갇혀 버렸던 히브리어는 엘리에제르 벤예후다라는 초인에 의해 20세기에 다시 생명을 부여받는다. 그는 극도로 가난한 와중에도 모든 능력을 히브리어 부활에 쏟았다. 많은 사람의 몰이해에도 물러서지 않고 마침내 현대어로 사용할 수 있게 만든 것이다. 이런 사례는 달리 들어 본 적이 없다.

부활 비화도 감동적이지만 성경 언어로서 히브리어도 버리기는 아깝다. 유대인에게는 문자를 소중히 여기는 전통이 있고 아름다운 책에 아름다운 문장을 남겨 왔다. 유럽에서는 조금만 주의를 기울이면 히브리문자를 곳곳에서 볼 수 있다. 특히 프라하에 많다. 유대교회당에서 히브리문자를 디자인한 그림엽서를 샀다. 아름다운 디자인을 보면서 적어도 이 글자를 더듬더듬이라도 읽을 수 있으면 좋겠다고 생각한다.

문득 떠올랐는데 성경을 '현대' 히브리어로 번역하는 경우도 있을까?

일본어의 관습으로 언어는 '힌디'이지만 종교는 '힌두'
다.* 이것이 바뀌어 있거나 하면 왠지 모르게 마음이 편
치 않다. 하지만 구별해서 사용하는 이유는 잘 모른다.

힌디어로 '안녕하세요'를 '나마스카르' 혹은 '나마
스테'라고 한다. 다만 이것은 힌두교도가 사용하는 표현
으로 이슬람교도는 아랍어 '앗살라무 알라이쿰'이라고
인사한다. 복잡하다.

여러 종교가 혼재한 가운데 힌두교도가 인도 인구
의 약 80퍼센트를 차지한다고 한다. 하지만 인도는 일본
인에게 석가모니가 태어난 나라다. '나마스타르'와 '나
마스테'의 '나마스'는 '나무아미타불'의 '나무'와 관계가
있다는데, 불교와 힌두교가 어떤 관계인지는 자세히 모
르겠다.

그렇다면 언어는 어떤가.

인도는 영어가 통하는 나라라는 이미지가 너무 강
하다. 인도 영어는 특이한 악센트로 유명하지만, 어쨌든
영어는 영어다. 하지만 그걸로 어떻게든 될 거라고 여긴
다면 오산이다. 인도 투자 열풍이 불어도 그에 따른 새

---

* 한국어도 '힌디어'와 '힌두교'라고 하며, 영어도 언어는
'Hindi', 종교는 'Hinduism'이다.

로운 외국어 학습 열풍이 불 조짐은 아쉽게도 전혀 보이지 않는다. 인도를 지향한다면 힌디어라는 발상은 왜 없을까.

이유를 떠올릴 수 없는 것은 아니다. 다민족국가 인도에서 힌디어가 통하는 지역은 사실 한정돼 있다. 힌디어는 영어에 버금가는 지위를 차지하지 못하는 것이다. 이것은 외국어 학습의 동기로서 큰 문제다. 모처럼 인도 언어로 힌디어를 배운다고 해도 통하는 지역이 한정된다면 의욕도 반감된다.

그래도 힌디어를 소개한 입문서나 회화집 등을 읽어 보면, 인도를 알고 싶으면 힌디어를 학습하라고 권한다. 북인도에서는 편의적인 공통어로 힌디어가 사용된다. 남인도에서도 성지나 관광지에서 북인도 여행객과 이야기를 나눌 수 있다. 후자는 왠지 썩 납득이 되지 않지만.

아무튼 힌디어를 표기하는 데바나가리문자를 읽고 쓸 수 있다면 아주 멋진 일이다.

상相

말하는 사람이 동작을 어떻게 파악하는가. 이것을 나타내는 것이 상aspect이다. 같은 '읽는다'라고 해도 문맥에 따라 계속을 나타낼 수도 있고 완료를 나타낼 수도 있다.* 이 구별이 시제만큼이나 중요한 언어도 있다.

러시아어를 비롯한 슬라브계 언어는 이 상의 쓰임이 체계적이다 보니 외국어로서 배우기가 꽤 까다롭다.** 동사의 대부분이 완료상과 불완료상으로 나뉘며, 완료상 동사는 한 번의 행위가 완료되는 것을 나타내는 데 반해 불완료상 동사는 완료 여부가 상관없기 때문에 어쨌든 그런 행위를 한 적이 있다는 데 포인트가 있다. 이러한 상이 문법 범주로 따로 없는 언어는 '한다'나 '하고 있다' 또는 '했다'나 '하고 있었다' 따위로 그런 차이를 비슷하게 나타낼 수 있다.

상은 언어학에서 중요한 개념이지만 일반적으로 잘 알려져 있지는 않다. 나는 '애스펙트'aspect라는 발음의 울림이 마음에 든다. 연구 주제를 묻는 질문에 자세히 대답하기가 번거로울 때는 '텐스와 애스펙트'(시제와 상)라고 해 둔다.

---

* 한국어에서 '-는다' 같은 현재시제 종결 어미가 문맥에 따라 계속 또는 완료를 나타낼 수도 있다. "지금 이 책을 읽는다 (=읽고 있다)." "내일이면 이 책을 다 읽는다(=읽게 된다)."
** 대개 슬라브어는 동사에 접두어나 접미어를 붙여 완료상과 불완료상을 구별한다.

어려운 전문 용어로 느껴져서 편리한 구석이 있다. 근데 여기에 이 얘길 써 버렸으니 이 수법은 이제 사용할 수 없겠군.

'은/음/응'으로 시작하는 언어[*]

세계 언어를 가나다순으로 이러저러하게 살펴봤다. 세계는 넓다. 그저 100개 언어를 살펴보기만 했음에도 통감했다. 세상에는 내가 모르는 것이 많다.

예를 들어 '은/음/응'으로 시작하는 언어도 한두 개는 있지 않을까? 그래서 그동안 신세를 졌던 『언어학 대사전』을 다시 꺼내 표제어를 확인해 보기로 했다.

그 전에 먼저 다루는 언어 명칭을 살펴봤다. 그러자 아이지 어군Aizi languages[**]을 제외하면 이 책과 마찬가지로 아이슬란드어로 시작했다[***]. 과연 처음에는 같다.

다음에 '은/음/응'으로 시작하는 언어가 있는지 찾아봤다.

있었다. 게다가 한두 개가 아니었다. 표제어 가운데 어군이나 제어를 빼면 다음과 같은 여러 언어의 명칭을 발견할 수 있었다.

---

[*] 한국어 ㅇ [ŋ]은 음절 끝에만 오고 첫머리에 오지 않는데, 외래어 '짬뽕'이나 '우동'에서도 보이듯 일본어 ん도 음절 끝에만 온다. 어두가 mb, nd, ng인 말들의 표기에서 일본어는 종성 비음 구성 요소가 ん 하나라서 그걸로 포괄되는데 한국어는 '음/은/응'이 따로 쓰인다.
[**] 코트디부아르에서 쓰이는 몇몇 언어.
[***] 원서는 일본어 자모순으로 되어 있어서 아이슬란드어가 맨 처음에 나온다.

은후왈라어, 응아잉어, 응아주어, 응아다어, 응가맘보어, 응가모어, 응안디어, 응간도어, 응기에어, 응기짐어

그 뒤에도 아직 더 있었다. 그렇다, '은/음/응'으로 시작하는 언어도 전혀 드물지 않았던 것이다. 내가 몰랐을 뿐.

'응'으로 시작하는 언어는 상당수가 아프리카 니제르콩고어족이라는 언어 집단에 속한다. 그렇다는 얘기는 니제르콩고어족의 여러 언어에 '응'으로 시작하는 낱말이 분명 드물지 않으리라는 뜻이다. 무엇보다 일본어로는 '응'이지만 라틴문자로는 n도 있고 m도 있다.

니제르콩고어족이 많기는 하지만 다른 어족도 있다. 예를 들어 응아다어는 인도네시아공화국 플로레스섬 중앙부에서 사용되고, 응안디어는 호주 북부에서 사용된다. 그래도 대부분은 아프리카의 언어다. 표제어에 오른 언어는 모두 92(어군이나 제어를 포함하면 103)개다. 대단히 많다.

그러고 보니 생각났다. 아오야마 준의 『아프리카 여행』은 장어를 쫓아 아프리카로 향하는 대학 연구자의 실화인데, 그에 따르면 말라위 치체와어로 장어를 '음쿵가'라고 한다. 이것도 '음'으로 시작한다.

그리고 장어를 조사하다가 잔뜩 지쳐 짐바브웨의 수도 하라레에 온 저자는 오랜만에 도시를 보고 절로 이런 말을

내뱉는다.

"(……) 앗, 햄버거라고 쓰여 있어. '응'으로 시작하는
음식이 아니네. 가자, 가자, 햄버거를 먹으러 가자."

이 저자도 아프리카 하면 떠오르는 게 '응'으로 시작하는
말이 아닐까. 『언어학 대사전』을 읽고 나니 나도 그 기분을
잘 알겠다. 이제 '은/음/응'으로 시작하는 언어 가운데 중간을
건너뛰고 마지막 10개를 꼽으면 다음과 같다.

음베레어, 음베와어, 음벰베어, 음보아어, 음보이어, 음보레어,
음봉어, 음마니어, 음멘어

마지막 음멘어는 라틴문자로 Mmen이라 표기한다.
음멘어는 카메룬 서북부에 있는 풍곰 지구 남부 음멘
마을에서 사용하는 언어라 한다. 계통은 니제르콩고어족,
베누에콩고어군, 반토이드 제어, 광의의 반투 제어,
초원Grassfields 반투어군, 링어군, 콤·반뎀 어군으로 왠지
구약성서 창세기의 첫머리를 읽는 것 같다.

언어학에 종사하는 사람으로서 '은/음/응'으로 시작하는
언어를 하나쯤 알아 두는 것도 좋지 않을까. 그런 묘한 기분이
들어 사귀는 언어가 늘어만 간다.

전대미문의 세계 언어 일주를 마치며

2007년 1월 1일, 대학 은퇴를 앞둔 새해 첫날이었다. 직장을 떠나기까지 며칠 남았는지 헤아려 보니 꼭 90일이었다. 남은 90일을 어떻게 보내면 좋을까? 하긴 입시 등으로 바쁘겠지만, 그래도 뭔가 뜻깊게 보낼 수는 없을까.

그래서 생각한 것이 하루에 한 편씩 에세이 쓰기였다. 앞으로 당분간은 글을 쓰며 생활해 나갈 작정이었다. 슬럼프 따위를 핑계 삼아 되는대로 살 수는 없다. 어떤 날이라도 일정한 페이스로 일을 해 나갈 필요가 있다. 그런 '수양'의 일환으로 에세이를 쌓아 간다. 이것도 꽤 의미가 있을 듯싶었다.

하루에 한 편의 에세이를 쓴다면 도대체 뭘 쓸까? 날마다 생각나는 것을 그때그때 짬이 나는 대로 엮는 것도 좋지만, 그보다 통일된 주제를 정하고 그에 따라 쓰는 것이 어떨까. 어찌 됐든 수양이니까.

그래서 90일에 맞춰 90개 언어를 고르고 매일 한 편씩 에세이를 쓰기로 했다. 파일명은 쥘 베른의 『80일간의 세계 일주』에서 힌트를 얻어 '90일간의 세계 언어

일주'라 짓고 나 혼자 즐거워하며 글을 쭉 써 모았다.

그것을 당시 고단샤 현대신서 편집자였던 아사 신이치 씨에게 도쿄 진보초 거리에서 맥주를 마시면서 이야기했다. 아사 씨는 "전대미문이네요"라고 놀라며 원고를 읽어 보고 싶다고 했다. 그때는 아직 90개 언어를 다 쓴 것도 아니고, 게다가 나 혼자만 보려고 일단 기록해 놓은 엉성한 글도 있어서 그대로는 도저히 보여 줄 수가 없었다. 그래서 조만간 몇 개를 추려서 손본 다음에 전달하기로 약속했다.

그런데 그 약속도 이행하지 못하던 중에 현대신서가 뉴스레터를 배포한다고 했다. 그리고 이 언어 에세이를 뉴스레터에 연재하기로 뚝딱 결정했다. 설사 90개 언어를 모두 소개하지 못하더라도 1년 정도 계속하면 나름대로 정리가 될 터였다. 그래서 제목을 '세계의 말들'로 하고 21회에 걸쳐 41개 언어를 발표했다.

이 41개 언어에 뉴스레터에서 발표하지 못한 49개 언어를 더해 정리한 것이 『세계 언어 입문』이었다.

그로부터 10년의 세월이 흘렀다. 이번 치쿠마 문고에 수록하면서 제목을 뉴스레터 연재 당시의 '세계의 말들'로 되돌리고, 여기에 10개 언어를 더해 전체 100개 언어로 증보했다. 신서에서 발표한 90개 언어와 마찬가지로 새로 쓴 에세이도 주로 다음 문헌을 참고했다.

① 시바타 다케시 엮음, 『세계의 언어 소사전』
(다이슈칸쇼텐)
② 도쿄외국어대학 어학연구소 엮음, 『세계의 언어 가이드북』(전2권, 산세이도)
③ 가메이 다카시, 고노 로쿠로, 지노 에이이치, 니시다 다쓰오 편저, 『언어학 대사전』(전7권, 산세이도)

이러한 선배의 업적 덕분에 이 책과 같은 무모한 시도가 가능했음을 여기에 다시금 기록해 두고 싶다. 정말 고맙습니다.

『세계 언어 입문』은 에세이로서 즐거이 읽었다는 의견을 많이 받았다. 정말로 그렇다면 신서판의 「끝마치며」에 썼던 것과 같은 현대 언어학 한탄은 그만두고 즐거운 분위기를 연출하자. 잠자기 전에 책을 적당히 아무 데나 펼쳐서 읽는 습관을 가진 독자도 있다는 얘기를 들었다. 그런 세련된 독서를 계속할 수 있도록 문고판도 레이아웃을 염두에 두면서 윤문했지만 기본적인 내용은 전혀 변하지 않았다.

　색다른 일이라면 대학의 특임교수가 됐다는 것이려나. 하지만 그것도 임기가 있고 여전히 특정한 언어에 구애받지 않고 러시아어와 영어와 언어학을 신나게 가르치니 기분은 프리랜서 어학 교사와 다름없다.

　그런 지금의 모습을 전 담당 편집자 아사 신이치 씨에게 보여 주었으면 했지만, 슬프게도 2012년 3월 돌연 세상을 뜨고 말았다. 새롭게 보탠 부분 등에 대해 진보초에서 맥주를 마시며 이야기하고 싶었던 내용은 『주머니에 외국어를』을 출간했을 때와 같다.

　이번에도 지쿠마쇼보 편집부의 하시모토 요스케 씨에게 신세를 졌다. 여기에 감사 인사를 전한다.

2018년 2월
구로다 류노스케

언어를 사랑하는 뜨거운 마음

다카노 히데유키(탐험가, 논픽션 작가)

이 책의 '목차'를 보자마자 머리와 몸이 화끈 달아올랐다.

암하라어, 아랍어, 알바니아어, 인도네시아어, 월로프어, 우르두어…… 아 행만 해도 내가 지금까지 만난 언어가 여섯 개나 된다. 물론 그다음에도 제법 열심히 배운 언어부터 현지에 갔을 때 한마디만 배웠을 뿐인 언어까지 잇달아 등장한다. 정신없이 본문을 읽기 시작해 정신을 차리고 보니 절반 정도를 단숨에 읽었다. 그리운 옛 노래처럼 과거에 만났던 언어와 그에 얽힌 기억이 달콤하고 애틋하게 빙빙 맴돌았다.

나는 구로다 씨의 수준에는 도저히 미치지 못하지만 마찬가지로 언어를 엄청나게 사랑하는 사람이다. 게다가 구로다 씨와 마찬가지로 '작은' 언어를 편애한다. 하지만 구로다 씨가 십대 때부터 순수하게 지적 호기심에서 언어에 깊은 관심을 기울였던 것과는 대조적으로 나의 마이너 언어 학습은 순전히 공리적인 동기에서 비롯되었다. 다행하게도 그 자초지종은 '링갈라어' 항목에 소개되었기 때문에 독자들은 그 부분을 읽으면 되겠다. 요점은 대학 시절 아프리카 콩고로 탐험대원들과 원정을 갔을 때 현지어(즉 링갈라어)를 말할 수 있으면 콩고 사람들과 친해질 수 있지 않을까 생각했다는 것이다.

내 직감은 맞았다. 친해지는 정도를 넘어서 우리가 링갈라어를 조금이라도 하면 다들 끝내주는 반응을 보였다. "야, 얘네 링갈라어도 하는데!" 마치 말하는 판다 취급을 하며 길가에 사람들이 몰릴 정도였다. 눈에 띄지 않고 살아오던 나는 느닷없는 스포트라이트에 뭔가 어리둥절한 감동을 받았다.

나한테는 '언어 빅뱅'이었다.

이후 취재와 여행에 도움이 된다는 이유만이 아니라 언어 자체의 매력에 홀리고 말았다. 예를 들어 링갈라어는 콩고공화국과 콩고민주공화국(구 자이르) 양쪽에서 공통어로 쓰이는데, 두 나라 사이에 방언 차이가 있다. 예를 들어 '아제르바이잔어' 항목에서 소개한 에피소드와 흡사한 얘기를 콩고인도 한다. "자이르인이 말하는 링갈라어를 처음 들었을 때 깜짝 놀랐어요. '나무에서 내려간다'를 '나무에서 떨어진다'라고 말하거든요."

굉장히 재미있다. 이런 얘깃거리를 알아 두었다 나중에 콩고인을 상대로 "자이르인의 링갈라어는 참 웃기다니까요"라고 말하면 잘 먹힌다. 콩고민주공화국이 경제적으로나 문화적으로나 앞서 있기 때문에 쉽게 뒤처진 취급을 받는 콩고인은 이런 데서 울분을 풀었다.

한편으로는 이후 마이너 언어를 구사하며 현지인을 상대하는 데 따른 단점도 맛봤다. 얄보이거나 속임수에 넘어간다. 어쨌든 상대는 모어인 데 반해 이쪽은 아무리 잘해 봐야 어린아이 수준이니까. 그래서 저절로 어른과 아이 관계가 되어 버린다. 또 현지어로 말하다 보면 어느새 내가 모두에게 술이나 뭔가를 사 줘야 한다든가, 요금이 5000실링에서 5만 실링으로 미묘하게 바뀐다든가 하는 기묘한 현상이 일어났다. '하우사어' 항목에서 마쓰시타 슈지가 "'하우사어 습득의 이점'은 전혀 없습니다"라고 자학적으로 말한 것에 동감할 수밖에 없다. 아프리카는 이런 경향이 심한 것 같다. 내가 소말릴란드나 소말리아에서 소말리아어로 말하다가 몇 번이나 호되게 당했는지 모른다(참고로 재작년에 나이지리아 하우사족 마을을 방문했을 때 내가 '맛있다'라든가

'이걸로 끝이다'라는 말을 즉석에서 배워 사용하자 화기애애한 분위기가 되었다. 그 정도면 이점도 있는 것 같다).

하지만 일단 언어의 매력에 사로잡히면 거기서 벗어나기는 불가능하다. 점차 다음 여행(취재)에서 어떤 언어를 배울지가 더할 나위 없는 즐거움이 되기도 했다.

지금까지 맛본 최대의 언어적 희비극은 10여 년 전 인도에서 수수께끼의 괴어怪魚를 찾다가 생긴 일이다. 인도 동부 오디샤주 해변에서 의문스러운 거대 물고기를 잡아먹는 어부를 목격했다는 보고를 받고 찾아가기로 했다. 어쩌면 그 물고기는 실러캔스와 맞먹는 미지의 물고기일 가능성이 있었다. 나는 그렇게 믿었다.

탐색에는 커뮤니케이션이 필수다. 인도는 영어가 통한다고 알려져 있지만 외국인이 드나드는 장소나 지식층 사이에서만 그렇고, 실제로 영어 화자는 인도 전체 인구의 10퍼센트에도 미치지 못한다. 영어로 된 인도 영화가 얼마 없다는 사실에서도 짐작할 수 있다.

따라서 현지어를 배워야 하는데 종류가 한두 개가 아니다. 먼저 '힌디어'. 발리우드 영화 덕분에 현재 인도인뿐만 아니라 남아시아 전체에서 8억 명이 공통어로 사용한다는데 구로다 씨 말대로 그런 통계는 전혀 믿을 수 없다. 오디샤주 시골의 서민까지 알아들을지는 미지수다.

　다음 후보는 오디샤주의 공용어인 오리야어. 이 언어라면 오디샤주에서 대부분이 이해할 것 같다. 하지만 문제의 핵심은 어부들이다. 이들은 이웃한 안드라프라데시주에서 넘어온 사람들로 모어가 '텔루구어'라고 한다.

　어느 언어로 할까 고민할 때가 어학 마니아에게 가장 행복한 순간이다. 결국 우에노에 사는 오디샤주 출신의 인도인 사업가를 찾아내 물었더니 오리야어가 가장 잘 통할 거라 해서 그에게 석 달가량 집중 특별 레슨을 받았다. "그 물고기는 어디서 봤어요?"라든가 "그 물고기는 어디서 잘 잡히나요?"라든가 "물고기를 찾으면 바로 저에게 알려 주세요" 같은 괴어 찾기에 특화된 오리야어 회화 예문을 외운 것이다. 적어도 언어적으로는 만반의 준비를 갖췄다.

　하지만 결과는 참담하다고 할까 코미디라고 할까. 나는 일찍이 부득이한 사정으로 비자 없이 인도에 입국했다가 강제 송환된 적이 있다. 그 기록이 콜카타 공항

출입국관리사무소에 남아서 입국을 거부당한 것이다. 공항에 구금되어 있던 닷새 동안 공항 직원이나 경찰 담당관에게 오리야어로 나의 입국 목적(괴어 찾기)을 설명했는데 의외로 다들 꽤 알아들었다. 콜카타 사람들의 모어는 '벵골어'인데 오리야어와 상상 이상으로 가까웠던 것이다. 이런 데서 오리야어가 통하긴 했지만 전혀 의미가 없게 돼 버렸다.

슬프게도 또다시 강제 송환을 당했다. 집념이 강한 나는 이번엔 오디샤주 밖으로도 탐색 범위로 넓히고자 '힌디어'를 학습해 권토중래를 기약했지만 결국 다시는 인도에 갈 수 없었다. 완전히 블랙리스트에 오른 것이다.

힌디어, 꽤 열심히 했는데 원통하다! 생각했는데 바로 2년 전 파키스탄에서 사용할 기회를 얻었다. 이 책에 소개된 바와 같이 파키스탄 공용어인 '우르두어'와 힌디어는 같은 언어라고 불러도 무방한 관계다. 다만 결정적으로 글자가 다르다. 나는 힌디어를 '산스크리트어' 유래의 데바나가리문자로 배웠다. 그런데 우르두어는 아랍문자다.

구로다 씨는 '아랍어' 항목에서 '아랍어는 수재들이

배우는 언어'라며 묘하게 두려워하지만(이런 점 때문에 구로다 씨에게 친밀감을 느낀다) 내가 아랍어에서 가장 골치 아프다고 생각하는 점은 문자를 쓰는 방향(오른쪽에서 왼쪽으로)이나 발음 등이 아니라 자음만 표기한다는 것이다. 어두와 장모음은 표기하나 어두 이외의 단모음은 일절 표기하지 않는다. 따라서 '그는 썼다'(카타바)와 '세 권 이상의 책'(쿠투브)이 같은 표기가 되는 있을 수 없는 일이 일어난다. 모음 부호가 따로 안 붙으면 표기가 같다(كتب). 매번 앞뒤 문맥에 따라 어떤 단어(소리)인지 살펴볼 수밖에 없다. 더욱이 아랍문자를 도입한 모든 언어에 해당되는 문제점이라 너무 안타깝다. 우르두어 외에 파슈토어, 페르시아어도 그렇다.

과거에는 소말리아어나 터키어도 아랍문자로 표기했지만 20세기 들어 근대화 구호 아래 모두 라틴문자로 바꿨다. 이슬람 법학자 등이 크게 반발했지만 결과적으로 두 언어 모두 문자해득률이 비약적으로 높아졌다. 모음도 표기하는 것이 모두를 위한 일이다. 우르두어나 파슈토어도 라틴문자로 표기하면 학습자 수가 비약적으로 올라갈…… 그런 일은 없으려나.

아무튼 나는 우르두어와 힌디어 모두 단어장을 가

져가서 서로 대조하며 살펴볼까도 생각했지만 역시 무리였다. 사실 그때는 우르두어에 별 관심이 없었다. 파키스탄에는 부루샤스키어를 조금 알아보려고 찾아갔던 것이다. 취재가 아니라 순수한 취미였다.

부루샤스키어는 언어학자나 언어 애호가 사이엔 알려진 언어다. 유라시아 대륙에서 몇 안 되는 고립어인 셈이다. 고립어란 인도유럽어족이나 티베트버마어족 같은 언어계통과의 관계가 불분명한 언어로 유라시아 대륙에서는 그 밖에 바스크어나 조지아어가 포함된 카프카스 제어가 유명하다.

바스크어와 관련해 나는 『바스크어의 구조』를 읽고 그 독특한 문법구조에 크게 흥분했다. 내가 아는 언어와는 전혀 다르다. 그래서 부루샤스키어도 어떤 언어인지 스스로 확인하고 싶었던 것이다.

특히 관심이 있었던 것은 이 책에도 여러 번 등장하는 능격이다. 이 능격이란 놈을 몸소 얘기해 보고 싶었다. 참 신기하게도 바스크어, 카프카스 제어, 부루샤스키어는 문법구조나 기초 어휘는 전혀 다른데 능격이 있다는 공통점이 있다. 능격을 변방 언어의 특징이라고까지 말하는 사람도 있으니 마이너 언어를 편애하며 변방 작가라 자칭하는 내가 입맛을 다시지 않을 까닭이 없다. 흥미롭게도 파슈토어나 힌디어, 우르두어에도 능력이 있지만 과거형에서만 사용한다. 모든 시제에서 능력을 사용하는 언어는 이 세 언어(그룹)에 국한되는 것 같다.

실제로 나는 파키스탄 북부 훈자라는 곳에 가서 3주 정도 머물며 부루샤스키어를 조금 알아봤다. 트레킹을 하면서 가이드나 포터에게 예문을 마구 물어봐 문법을 해석하려 했던 것이다. 너무나 어렵고 무의미한 작업이라 '언어학자도 아닌 내가 도대체 뭘 하는 거야?'라는 생각에 잠을 이루지 못한 밤도 있었다.

아직까지 이 이야기를 글로 쓴 적은 없다. 어떻게 써야 할지 몰라서였다. 언어 이야기는 쓰기가 너무 어렵다. 문법이나 발음을 자세히 설명해 봤자 부루샤스키어나 언어학을 모르는 사람(즉 대부분의 독자)에게는 와닿지 않는다. 그렇게 생각하며 내버려 뒀는데, 이번에 이 책을 읽고 깨달았다.

그렇구나, 구로다 씨 방식으로 하면 되려나?

나는 구로다 씨의 에세이를 좋아해서 지금까지 열 권 정도 읽었다. 돌이켜 보면 모두 구로다 씨만 쓸 수 있는 글이었다. 구로다 씨는 언어학자이지만 에세이에는 문법이나 음성 같은 얘기를 자세하게 쓰지 않는다. 물론 어느 정도야 쓰지만 어디까지나 무대배경이다. 그럼 무엇을 쓸까. 바로 '기분'이다. 우리 일반인과 함께 서 있는 기분. 이 책도 그렇다.

만취해 기억을 잃고도 러시아어를 유창하게 했을 때의 기쁨, 부인을 위해 한국어로 화장실이 어디인지 물어 제대로 답을 얻었으나 그게 남자 화장실이었을 때의 난감함, 잘 말했다고 생각했는데 동사 활용을 잘못했음을 나중에 깨달았을 때의 아쉬움, 그리고 캄보디아어를 비롯해 사람들이 작은 언어라 여기며 가볍게 대하는 언어에 보내는 뜨거운 응원의 마음. 그런 구구절절하고 진실한 마음이 마찬가지로 언어에 시달리면서도 언어를 사랑하는 사람들에게 공감과 자극을 주는 것이다.

나도 부루샤스키어를 배웠을 때의 기분을 써 볼까? 그래도 조금은 문법도 다루고 싶다. 특히 능격.

누군가에게 공감을 얻을 수 있을지 없을지는 모르겠지만 뜨거운 마음만은 전하고 싶다.

'외국어 건드리기'의 쓸모

저자 구로다 선생은 싱겁게 재밌는 사람이다. 성격도 담백하다. 이 책을 옮기면서 그런 면모에 슬며시 웃음을 지을 때가 많았다. 우리 둘 다 언어 공부를 좋아하고 저술 활동도 한다는 것뿐만 아니라 그리 사교적이지 않고 개인주의적인 성향을 지닌 것도 비슷해 보인다. 물론 그저 이런저런 단편만으로 저자와 내가 닮았다고 섣불리 단정할 수 없겠지만 옮긴이로서 더욱 공감할 대목이 많은 책을 작업하다 보니 한층 재미를 느꼈다. 언어라는 거울에 비친 세상의 이모저모를 보며 즐겁게 세계 일주를 했다.

이 책에서는 언어가 100가지나 소개된다. 웬만해서는 언어 이름을 열 개 남짓 대기도 벅찰 텐데, 당연히 저자가 그 수많은 언어를 구사하지는 못한다. 순전한 호기심으로 그 많은 언어에 손댄 것뿐이다. 외국어를 건드리기만 하는 것은 참으로 쓸모없어 보이기도 하는데 그런 쓸모없음이 우리의 삶을 아기자기하게 만든다. 오로지 쓸모만 좇는 삶이란 너무 팍팍하다. 바로 그렇기에 쓸모없음의 쓸모가 있는 것이다. 고작 인사말 몇 마디나 하나, 둘, 셋 정도만 알지라도 그 언어를 쓰는 사람들과의 소소한 소통에서 작게나마 윤활유가 되니 그것도 쓸모가 없지 않다. 누구나 대문호나 달변가가 될 수 없고, 그럴 필요도 없다. 다들 제멋에 맞게 언어를 써먹으며 다채로운 세상을 만들면 된다.

남이 하는 일은 잘 모르게 마련이라서 언어와 관련된 직업도 종종 오해를 받는다. 책에서도 말하듯 언어학자는 언어를 연구할 뿐이지 여러 개별 언어를 구사하는 사람이 아니다. 여러 언어를 알면 언어학 연구에 도움은 되지만 그게 목적은 아니다. 경제학자라고 꼭 갑부가 되지 않고 정치학자가 선거에 나간다고 뽑힌다는 보장이 없는 것과 비슷하다. 언어를 연구하고, 외국어를 가르치고, 번역을 하는 이들이 언어를 잘 알기는 하겠으나 유창하게 구사하는 것과는 다소 별개의 문제다. 첨단기술의 발전으로 외국어 학습의 여건이 바뀌는 시대에는 외국어의 쓸모보다는 오히려 재미가 더 중요한 요소 아닐까 싶다.

번역하다가 도중에 궁금한 게 나오면 대학에서 번역학을 연구하고 프랑스어와 일본어 영상번역가로 활동하는 정구웅이 기꺼이 도와주었다. 언어, 언어학, 번역 등을 주제로 벌인 토론이 너무나 즐거웠다. 이런 벗이 있어서 참 기쁘다. 구로다는 러시아어를, 그의 부인은 체코어를 연구하는 슬라브어 연구자인데, 나는 출판번역과 기술번역을 하며 아내 정경진은 영상번역을 하니 각각의 부부도 서로 비슷한 셈이다. 내 글이나 번역에 아내가 늘 생산적인 피드백을 해 주는데 이번에도 도움을 많이 받았다. 편집진과 더불어 두 사람도 참으로 고맙다.

어쩌다 보니 책장에 사전이나 문법서가 있는 언어가 쉰 개쯤 된다. 나는 어도락가語道樂家로서 말맛을 보는 데 더 관심이 있다. 물론 그 가운데 몇 개는 적당히 구사하는 수준이 되도록 끊임없이 공부하지만, 언어는 그에 담긴 수많은 세계를 간접적으로 체험하는 창문으로서 더욱 값어치가 있다. 상당수 이론언어학자가 개별 언어를 익히는 것 자체에 큰 관심을 보이지 않는다고 해도, 저자를 보면 알 수 있듯 모든 언어학자가 그렇지는 않다. 나 역시 지금 주로 공부하는 언어 이외에도 사용자가 매우 적은 오지의 언어를 인류언어학자처럼 현지에 가서 탐구해 보고 싶다는 로망이 있다.

책에서 '수리남'이라는 국명과 '크레올'이라는 언

어 현상은 언급되는데 수리남의 주요 통용어 중 하나인 크레올어 스라난Sranan은 나오지 않는다. 한때 나는 그 언어를 몸소 배우고 연구해 보겠다는 포부가 있었다. 스라난어는 영어에 기반한 크레올어인데 20대에 나는 주로 유럽 제국과 아프리카 식민지의 언어가 만나 카리브해나 인도양의 섬에서 새로운 언어로 탄생한 크레올이라는 언어 현상에 관심이 컸다. 크레올은 언어나 문화 혼합/혼종의 비유로도 쓰인다. 지금도 주변부가 아닌 변방, 순수함보다는 혼합에 더 마음이 쏠린다. 이 책 덕에 언젠가 몸소 그곳에 찾아가야겠다는 다짐도 하게 된다.

언제고 기회가 닿는다면 구로다 선생과 도쿄 진보초에서 맥주 한잔 나눴으면 좋겠다. 일본어와 러시아어도 더 공부해 둘이서 영어, 한국어, 일본어, 러시아어 등이 뒤섞인 혼종 언어로 얘기를 나눈다면 의미도 있고 재미도 있을 것이다.

세계의 말들
: 언어덕후가 즐거운 수다로 요리한 100가지 외국어의 맛

2023년 3월 14일   초판 1쇄 발행

지은이   **옮긴이**
구로다 류노스케   신견식

펴낸이	**펴낸곳**	**등록**
조성웅	도서출판 유유	제406-2010-000032호(2010년 4월 2일)

주소
서울시 마포구 동교로15길 30, 3층 (우편번호 04003)

전화	**팩스**	**홈페이지**	**전자우편**
02-3144-6869	0303-3444-4645	uupress.co.kr	uupress@gmail.com
	페이스북	**트위터**	**인스타그램**
	facebook.com /uupress	twitter.com /uu_press	instagram.com /uupress
편집	**디자인**	**조판**	**마케팅**
김은우, 류현영	이기준	정은정	황효선
제작	**인쇄**	**제책**	**물류**
제이오	(주)민언프린텍	다온바인텍	책과일터

ISBN 979-11-6770-057-5 03700